児童虐待防止
ハンドブック

児童虐待問題研究会 編著

ぎょうせい

全訂版にあたって

　2016（平成28）年度、児童虐待件数は、12万件を超え、様々な対策を実施してきたにもかかわらず、増加の一途をたどっています。
　児童虐待問題は、専門家や直接虐待対策に携わる関係者だけの問題ではなく、子どもの命に関わる広く社会全体で取り組むべき課題です。

　本書は、様々な立場の人に虐待問題に関心を持っていただけるようわかりやすいＱ＆Ａ形式になっています。どこから読んでもよいようまとめました。平成28、29年の児童福祉法、児童虐待防止法等の改正に合わせ、内容等を大幅に刷新しました。あわせて、法改正のポイントや虐待対策の強化策、新たな施策の内容、子どもの権利条約等について書き加えました。

　国は、1947（昭和22）年に児童福祉法が制定されて以来、見直されたことのなかった法の「理念」を改正し、子どもの権利条約の精神にのっとり、子どもを権利の主体とし（第１条）、子どもの意見の尊重や子どもの最善の利益の優先（第２条第１項）等を明記した画期的な内容にしました。また、この「理念」等は「児童の福祉を保障するための原理」であり、「児童に関する全ての法令の施行にあたって常に尊重されなければならない（第３条）」とされています。

　かねてから、わが国では、子どもを親の従属物とみなし、子どもを支配する風潮があり、子どもの人権を認めないことが、親による虐待の大きな要因とされてきました。
　今回の児童福祉法等の改正は、親や社会に意識の変革を迫るものとなっています。今後、福祉のみならず教育、司法など関係各分野におい

ても子どもの権利を尊重した対応や施策が展開されることが望まれるとともに、親や社会の中に、「権利の主体としての子ども」という理念が理解され、浸透していくことを期待します。

　また、さらなる児童虐待防止のために、従来からの「早期発見、早期対応」策に加えて、母子健康包括支援センターの設置を明記するなど、妊娠期から子育て期にわたる、切れ目のない継続的な対策が打ち出された点も画期的です。これらの施策を実施するためには様々な課題があり、多くの人々の理解が欠かせませんが、幅広く、息の長い対応をしていくことが必要です。
　本書が子どもの支援の広がりに役立つことを願っています。

2018（平成30）年2月

　　　　　　児童虐待問題研究会
　　　　　　木川幸子・岸　信子・真野由美子・田村初恵

改訂版にあたって

　児童虐待防止法が施行されてから10年以上が経過しました。
　児童虐待相談件数は減るどころか、2010（平成22）年度には、法施行直前の約5倍、56,000件以上と大幅に増加しています。
　この背景には、「親権を振りかざし、しつけと称して子どもに暴力を振るう親を阻止できない現行の親権制度にある」とかねて指摘されていました。政府は、ようやく親権制度の見直しについて検討を進め、児童虐待の防止を図り、児童の権利利益を擁護する観点から、2011（平成23）年5月、民法、児童福祉法等が改正され、2012年4月1日から施行されました。
　こうした子どもへの取り組みは、国際的な動きに連動しています。1989（平成元）年、国連で「子どもの権利条約」を採択後、条約を批准し、国内法の整備を進めた各国の中には、親権という考え方をなくし、子どもを育てる監護権のみになっている例も少なくありません。
　わが国は、1994（平成6）年、本条約を批准したものの、国内法の整備の遅れが指摘されていました。
　今回の民法等の見直しにより、親権の考え方は大きく変わりました。
　すなわち、親権に関して多くの異なる考え方がある中で、新たに親権停止制度を導入したほか、親権は「子どもの利益のため」に行使する権利であり、義務であると改正されました。いわば大上段に親権の是非を議論するのではなく、親権行使の是非を「子どもの利益のため」を基準に判断するという柔軟な発想で対応することになりました。

　今後、法改正を踏まえた、児童虐待に関わる現場での運用の積み上げがとても大事になってくると思われます。

本書は、法改正を契機に、児童虐待を防止するために現在どのような対策がとられているか、虐待されている子どもや虐待している保護者はどうなっているのか、国や地方公共団体や国民はどのような責任を負っているのか、などについての最新情報を盛り込み、既刊のハンドブックを全面的に見直し、改訂版として作成しました。

　どのページから読み始めても大丈夫です。疑問に思ったページから読み始めてください。Q＆A形式で、児童虐待問題をご理解いただけるように編集しました。

　悲惨な児童虐待事件が毎日のように報道されますが、「早期発見、早期対応」を心がけ、専門家も、専門家でない人も、各自にできる支援策を探っていこうではありませんか。
　本書が、子どもの支援の広がりに役立つことを願っています。

2012（平成24）年7月

　　　　　　　児童虐待問題研究会
　　　　　　　　猪俣武久・木川幸子・岸　信子・真野由美子・田村初恵

はじめに

　児童虐待防止法は、2000(平成12)年に施行以来、3年ごとに見直しを図り、徐々に子どもを守る立場からの改正がなされ、体制も整備されてきました。
　児童虐待の相談件数は、法施行直前の約11,600件が、2006(平成18)年度には約37,000件と約3.2倍に増加しています。法施行により、社会の関心の高まりもあり、顕在化したものと思われます。今後の法整備状況や相談体制の充実により、相談件数の増加が見込まれます。
　児童虐待問題は、単に一組の親と子どもの問題として片付けることはできません。家族全体の問題です。一つの家族を取り巻くより広い家族の、あるいは地域社会、行政、警察、消防(救急)、医療、学校、幼稚園、保育園など、様々な分野の方の協力なくしては、虐待を早期に発見することさえ困難です。そして、虐待を早期に発見することが子どもへの支援の第一歩です。

　本書の執筆は、「Q&A　DVハンドブック改訂版～被害者と向き合う方のために～」(ぎょうせい　2006年)を作成したメンバーが、DV(ドメスティック・バイオレンス)の被害者支援に携わる中で、家族の問題、とりわけ児童虐待の問題に関心を広げてきたことから、スタートしました。
　DV被害者支援の現場では、母親とともに多くの子どもが保護されていますが、被害者である母親が、子どもを虐待している事例は少なくないのです。ドメスティック・バイオレンスも児童虐待も、ともに、家族の中の暴力の問題であり、母親だけあるいは子どもだけを見据えた支援では不十分である、との思いが芽生えてきました。
　そこで、新たに本研究会を立ち上げ、現場で実務に携わってきた視点

から、児童虐待問題に関するQ＆Aをまとめました。

　2007（平成19）年6月、「児童虐待の防止等に関する法律（略称：児童虐待防止法）」が改正され、2008（平成20）年施行となりましたので、最新情報を盛り込み、本書を作成しました。

　本書が、子どもの支援の広がりにお役に立てば幸いです。

2007（平成19）年12月

児童虐待問題研究会
　猪俣武久・木川幸子・岸　信子・真野由美子・田村初恵

目　次

全訂版にあたって
改訂版にあたって
はじめに

第1章　よくある質問

Q1	児童虐待防止法ができた背景……………………………………… 2
Q2	児童虐待とは………………………………………………………… 3
Q3	虐待の具体的な内容………………………………………………… 4
コラム	乳幼児揺さぶられ症候群（SBS）………………………… 6
コラム	代理ミュンヒハウゼン症候群（MSBP）………………… 7
Q4	多い虐待の種類……………………………………………………… 8
Q5	虐待事件の増加……………………………………………………… 10
Q6	しつけと虐待の違い………………………………………………… 12
Q7	日本と他国との比較………………………………………………… 13
Q8	虐待をする人………………………………………………………… 14
Q9	虐待の普遍性………………………………………………………… 16
Q10	虐待を行う理由……………………………………………………… 17
Q11	虐待されている子どもの年齢……………………………………… 18
Q12	虐待されている子どもの状況……………………………………… 21
Q13	虐待の発見が難しい理由…………………………………………… 24
Q14	虐待を疑うきっかけ………………………………………………… 25
Q15	虐待が発見されやすい場…………………………………………… 26
Q16	専門家以外による虐待の発見……………………………………… 28
Q17	虐待の疑いのある子どもを見つけたときの対応………………… 29
Q18	通告先………………………………………………………………… 30
Q19	通告後の子どもの処遇……………………………………………… 32
Q20	一時保護した理由…………………………………………………… 33
Q21	一時保護所からの退所先…………………………………………… 35

Q22　通告後の保護者の処遇……………………………………36
Q23　虐待の通告が誤っていた場合の通告者………………37
Q24　通告者の責任………………………………………………38
Q25　誤って虐待と通告された人……………………………39

第2章　虐待されている子ども

Q26　虐待の兆候―これまで見過ごされてきた虐待の数々の事例………42
Q27　虐待の兆候―子どもの様子………………………………43
Q28　虐待による直接の影響……………………………………44
Q29　成長過程に残る虐待の影響………………………………45
Q30　子どもが虐待を隠す理由…………………………………46
Q31　子どもが助けを求めない理由……………………………47
Q32　子どもが虐待している保護者を責めない理由…………48
Q33　子どもが虐待する保護者をかばう理由…………………49
Q34　子どもが虐待されている時に感じていること…………50
Q35　子どもの身の守り方………………………………………51
Q36　子どもが助けに入った人に身構える理由………………52
Q37　虐待が行われている家庭での虐待されていない子どもの気持ち……53
Q38　虐待が行われている家庭での今は虐待されていない子どもへの
　　　虐待の可能性………………………………………………54
Q39　虐待されている子どもが保護者の元にいたいと思う理由………55
Q40　「虐待された子どもは大きくなると虐待する」の信憑性………56
Q41　虐待された子どもの不安やおびえ………………………57

第3章　虐待する保護者

Q42　虐待の兆候―保護者の様子………………………………60
Q43　虐待する保護者の背景……………………………………61
Q44　虐待する保護者が虐待した子どもを自分で病院に連れていく理由…64
Q45　虐待する保護者が子どもを手放さない理由……………65
Q46　虐待する保護者の責任追及………………………………66

Q47　子育てに悩む保護者への相談体制……………………………………68

第4章　虐待に気づいたら

　　Q48　虐待された子どもを守る仕組み……………………………………70
　　Q49　児童相談所……………………………………………………………73
　　Q50　児童相談所の権限……………………………………………………74
　　Q51　虐待を予防、早期発見するための施策……………………………75
　　コラム　ネウボラ（neuvola）〜フィンランドの子育て支援〜………76
　　Q52　虐待が疑われる場合の相談先………………………………………77
　　Q53　相談機関の利用方法…………………………………………………78
　　Q54　虐待されている子どもの避難場所…………………………………79
　　Q55　保護者から引き離さないと子どもを守れない場合の対応………80
　　Q56　児童相談所の調査……………………………………………………82
　　Q57　協同面接（被害事実確認面接）……………………………………83
　　Q58　一時保護………………………………………………………………84
　　Q59　施設入所………………………………………………………………85
　　Q60　里親委託………………………………………………………………86
　　Q61　家庭裁判所の手続き…………………………………………………87
　　Q62　虐待しそうだと訴える人への対応…………………………………88
　　Q63　虐待について打ち明けられた際の対応……………………………89
　　Q64　虐待を発見したときの対応…………………………………………90
　　Q65　虐待されている子どもへのアドバイスの方法……………………91
　　Q66　虐待が疑われる子どもが診察に訪れた場合の医療関係者の対応……92
　　Q67　虐待とDVとの関係…………………………………………………93
　　Q68　DVのある家庭への対応　…………………………………………94
　　Q69　DV被害者である母親から虐待されている子どもの救助方法　………95
　　Q70　他の家族からも暴力を受けている子どもへの対応………………96
　　Q71　虐待されている子どもが外国籍の場合の留意点…………………97
　　Q72　虐待によるケガと思われる子どもを発見した場合の対応………98
　　Q73　援助者が心身の健康を保つために気をつけること………………99

| Q74 | 虐待の相談を受けるときの留意点 | 100 |
| Q75 | 虐待されている子どもに二次被害を与えないために | 101 |

第5章　児童虐待に関わる法律の改正

Q76	平成28・29年の児童福祉法等の改正のポイント	104
	コラム　子どもの権利条約	106
Q77	民法等の改正の背景	108
Q78	親権	109
Q79	民法改正の内容	110
Q80	親権停止制度の創設	111
Q81	未成年後見制度の見直し	112
Q82	平成23年の児童福祉法の改正	113

資料編

1	児童虐待防止法と関係法令等の動き	116
2	児童虐待の防止等に関する法律	118
3	児童福祉法（抜粋）	135
4	民法（抜粋）	160
5	母子保健法（抜粋）	172
6	刑法（抜粋）	173
7	相談機関一覧	174
(1)	全国児童相談所一覧	174
(2)	民生委員・児童委員	180
(3)	児童家庭支援センター	181
(4)	福祉事務所	181
(5)	保健所・保健センター	181
(6)	全国共通電話相談	181

第1章
よくある質問

　子どもを虐待する酷い親の報道が続くと、「昔はこんなことはなかった。なんて世の中になってしまったのか」と、嘆く方がいます。ところがそれは大間違いです。「児童虐待防止法」が2000（平成12）年にでき、これまで問題視されてこなかった親などによる子どもへの虐待問題に光が当たるようになったのです。

Q1 児童虐待防止法ができた背景

Answer

　1994（平成6）年に我が国は、国際条約である「児童の権利に関する条約（＝子どもの権利条約）」を批准し、以降、国内法の整備を約束しました。が、その後順調に国内法が整備されたわけではありません。児童虐待に関わる相談は、養護相談、育成相談、心身障害相談、非行相談の中で、児童の福祉の推進に主眼を置いた児童福祉法により対応していたのですが、児童虐待事件の報道が増すにつれ、新たな対応が求められるようになりました。育児不安との関連で報道されることも多く、育児相談が殺到しました。それまで、一部の関係者の間でのみ知られていた児童虐待問題が、アメリカだけでなく日本にもある社会問題として取り上げられるようにもなったのです。既存の枠の中では対応しきれないことから、新たに、児童虐待防止法が2000（平成12）年5月、超党派の議員立法として成立しました。

　その内容は、児童虐待の防止を目的として、虐待の定義、虐待の禁止、国や地方公共団体の責務、虐待を発見した人の通告義務などを定めています。

　法制定後、児童相談所の機能充実と合わせて、虐待の早期発見、早期対応に向け、数度、法改正がなされ、子どもの利益を守るために充実されてきています。

　2016（平成28）、2017（平成29）年の法改正では、早期発見の施策に加えて、虐待の発生を予防する施策の充実や虐待された子どもの自立支援、そのための関係機関の連携策が強化されました。

　2011（平成23）年の民法（親権規定）改正を経て、2016（平成28）年に児童福祉法に「児童の権利」が盛り込まれるまで、20年以上かかっています。しかし、現在も、衝撃的な児童虐待事件がテレビや新聞紙上で大きく取り上げられています。

児童虐待とは

児童虐待とはどんなことですか？

Answer

　子どもに対する虐待としては、世界的に様々なものが挙げられます。たとえば、飢餓に苦しむ子どもや戦場で銃を握る子ども、教育を受けられない子ども、劣悪な条件で働かされる子どもなどが見られます。子どもの健全な成長を妨げる行為は、広い意味では、虐待といえます。

　我が国においては、2000（平成12）年に、児童虐待防止法（以下「法」という。）が制定され、その後の改正を経て、児童虐待防止の目的と定義を次のように定めています。

　第1条（目的）では、虐待が子どもの人権を著しく侵害し、その心身の成長及び人格の形成に重大な影響を与えるとともに我が国における将来の世代の育成にも懸念を及ぼすことから、国及び地方自治体の責務として、虐待の防止等の施策を促進し、児童の権利利益の擁護に資することが明記されています。

　第2条（定義）では、親などが、その養育する子どもへ行う虐待を児童虐待（以下「虐待」という。）とし、4種類を定めています。なお、親など以外の同居人や自宅に自由に出入りする者が虐待をしているのを放置している場合も含まれます。

- 身体的虐待：子どもの身体を傷つける、あるいは傷つける恐れのある暴行行為
- 性的虐待　：子どもにわいせつな行為をすることや、わいせつな行為をさせる行為
- ネグレクト：子どもに食事をほとんど与えない、長時間の放置その他著しく監護を怠る行為
- 心理的虐待：子どもに対する暴言又は著しく拒絶的な対応、配偶者に対する暴力（DV）その他子どもに心理的外傷を与える言動を行うこと

Q3

虐待の具体的な内容

どんなことが虐待に当たりますか？

Answer

　法（第2条）は虐待を「身体的虐待」、「性的虐待」、「ネグレクト」、「心理的虐待」の4種類に分けています。その具体的な例は次のとおりです。

　実際の虐待の場面では、各種の虐待が重複して子どもに行われることが多く見られます。

　また、虐待かどうかの判断は子どもにとって有害かどうかで判断され、親の意図とは無関係なことは重要です。

ア．身体的虐待（第1号）
- 打撲傷、あざ（内出血）、骨折、頭蓋内出血などの頭部外傷、内臓損傷、刺傷、たばこなどによる火傷などの外傷を与えること
- 首を絞める、殴る、叩く、蹴る、投げ落とす、激しく揺さぶる、熱湯をかける、布団蒸しにする、溺れさせる、逆さ吊りにする、異物を飲ませる、食事を与えない、冬の戸外に閉め出す、縄などにより一室に拘束するなどの行為
- 意図的に子どもを病気にさせるなど

イ．性的虐待（第2号）
- 子どもへの性交、性的行為（強要・教唆を含む）
- 子どもの性器を触る又は子どもに性器を触らせるなどの性的行為（強要・教唆を含む）
- 子どもに性器や性交を見せる
- 子どもをポルノグラフィーの被写体などにするなど

ウ．ネグレクト（第3号）
- 子どもの健康・安全への配慮を怠っているなど
　例えば、
　（1）重大な病気になっても病院に連れて行かない

(2) 乳幼児を家に残したまま外出する
　　なお、親がパチンコに熱中したり、買い物をしたりするなどの間、乳幼児等の低年齢の子どもを自動車の中に放置し、熱中症で子どもが死亡したり、誘拐されたり、乳幼児等の低年齢の子どもだけを家に残したために火災で子どもが焼死したりする事件も、ネグレクトという虐待の結果であることに留意すべきです。
○子供の意思に反して学校等に登校させない。子どもが学校等に登校するように促すなどの子どもに教育を保障する努力をしない
○子どもにとって必要な情緒的欲求に応えていない（愛情遮断など）
○食事、衣服、住居などが極端に不適切で、健康状態を損なうほどの無関心・怠慢など
　例えば、
　(1) 適切な食事を与えない
　(2) 下着など長期間ひどく不潔なままにする
　(3) 極端に不潔な環境の中で生活させる
○子どもを遺棄したり、置き去りにする
○祖父母、きょうだい、保護者の恋人などの同居人や自宅に自由に出入りする第三者が、ア、イ、エに掲げる行為を行っているにもかかわらず、それを放置するなど
エ．心理的虐待（第4号）
　○ことばによる脅かし、脅迫など
　○子どもを無視したり、拒否的な態度を示すことなど
　○子どもの心を傷つけることを繰り返し言う
　○子どもの自尊心を傷つけるような言動
　○他のきょうだいとは著しく差別的な扱いをする
　○配偶者やその他の家族などに対する暴力や暴言
　○子どものきょうだいに、上記の各種虐待を行うなど

出典：「子ども虐待対応の手引き」改正版　厚生労働省　2013（平成25）年

Column

Column

乳幼児揺さぶられ症候群（SBS）

　赤ちゃんをあやしているつもりで、その子どもに大きな障害を負わせてしまう例として「乳幼児揺さぶられ症候群」があります。
　これは子どもを激しく揺さぶることにより、子どもの脳が打撃を受け、傷つき、頭蓋内に出血を起こす病気の総称で、重い障害が残ったり、死亡したりするものです。
　あやすつもりで子どもを高く放ったり、なかなか泣きやまないので、止めようとして強く揺さぶるなど、小さい子どもとの適切な関わり方を知らないために起きていることも多いようです。
　年齢が小さいほど被害を受けやすく、特に新生児から生後6か月未満がなりやすいと言われますが、揺さぶられ方によっては、小学生でも起きることがあります。
　「揺さぶり」の心当たりがあって、ミルクを飲まない、吐く、笑わない、けいれん、眠り続けるなどの症状があったら、脳外科医に受診した方がよいでしょう。
　あやしたり、ベビーカーに乗せることも心配する人もいますが、頭がガクガクするほど強く揺すったり、20～30分も体全体を揺さぶり続けることが危険なのです。
　意図せずに、重大な結果を招いてしまうことにならないよう、出産前の夫婦を対象に、講習会を行っているところもあります。これから親になる人には、「頭とお尻をしっかり支えてあやすこと」、「子どもは理由もなく泣く場合があること」、「ストレスを感じたら少し子どもから離れ、気持ちを落ち着かせること」など、子ども、特に赤ちゃんの世話の仕方、関わり方を、改めて学ぶ機会を持つことが望まれます。

Column

代理ミュンヒハウゼン症候群（MSBP）

　一生懸命子どもを育てているように見えても、実はそれが虐待であるという例として、「代理ミュンヒハウゼン症候群」があります。

　「ミュンヒハウゼン症候群」は、周囲の関心を自分に引き寄せるために、自分自身のケガや病気を捏造するものですが、「代理」が付くと、傷つける対象が自分ではなく、自分の子どもを代理にして、病人やケガ人に仕立てるというものです。

　その上で、子どもの病気やケガを必死に看護し、献身的に子育てをしている親を演じて見せることで周囲の同情をひこうとします。そのため、子どもに病的な状態が続くように、巧妙に嘘をついたり、医師が誤診するような症状の捏造（検査する尿に異物を加える、体温計に操作をして高熱を装うなど）をしたり、時には不必要な薬を飲ませたり、子ども自身を傷つけるようなことも行います。

　子どもを傷つけることが目的ではないとはいえ、手段として傷害行為をするわけですから、命に関わるような結果を招くこともあります。

　不自然な検査所見や病状の経過、保護者の不自然な態度などから、医療関係者など周囲の人が不審に思い始めると、それを感じて医療機関を変えたりするので、発見が困難であることも多いのです。

　適切な治療をしているはずなのに、なかなかよくならなかったりする場合、医療機関や身近な人は、このことも念頭に置いて、注意深く関わることが望まれます。

Q4 どのような虐待が多いですか？

多い虐待の種類

Answer

　虐待相談は、全国の児童相談所と市区町村が対応しています。

　2016（平成28）年度に全国210か所の児童相談所に寄せられた虐待相談の総数は約123,000件（速報値）で、内容を見ると、多い順に、心理的虐待52％、身体的虐待26％、次にネグレクト21％、性的虐待1％となっています。心理的虐待件数が突出している背景には、子どもが同居する家庭での配偶者に対する暴力（DV）がある場合（略称：面前DV）、警察から児童相談所へ通告することが組織的に行われるようになったことによります（資料1）。

　次に、市区町村に寄せられた虐待相談を見ると、最新の発表資料は2015（平成27）年度総数は約94,000件で、多い順にネグレクト35％、心理的虐待34％、身体的虐待30％、性的虐待1％となっています（資料2）。

　市区町村での虐待相談は、同じ年度で比較すれば全国の児童相談所での相談とおおむね同規模ですが、大きな違いは、心理的虐待件数に開きがある点で、これは面前DVの場合、警察ではすべて児童相談所に通告するルールで運用されているからです。ネグレクトは市区町村でのほうが多く、これは、子育て時の相談に市区町村が多く関わっているためと思われます。

資料1:虐待の種別割合(2016年度)―児童相談所における児童虐待相談―

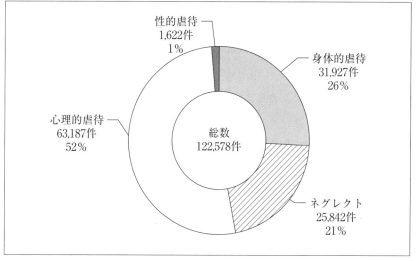

出典:平成29年度全国児童福祉主管課長・児童相談所長会議資料を加工

資料2:虐待の種別割合(2015年度)―市区町村における児童虐待相談―

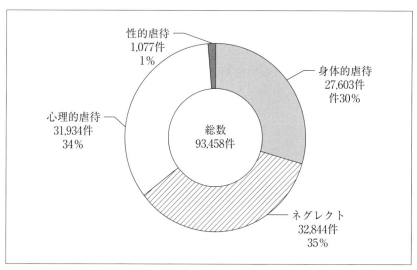

出典:政府統計の総合案内(e-stat)「平成27年度福祉行政報告例」を加工

Q5 虐待事件の増加

なぜ近頃虐待事件が多いのですか？

Answer

　全国の児童相談所における虐待相談の件数を見ると、児童相談所が統計を取り始めた1990（平成２）年度は1,101件、2016（平成28）年度には100倍以上、また法施行年の2000（平成12）年度と比べてみても約6.9倍と、今も年々増加しています（資料３）。

　以前から子どもへの虐待行為はありましたが、家庭内のことであり、潜在化していることが多く、また親子間の問題として、他人が口を出せないものと考えられていました。現在、虐待に関する相談件数が増加しているのは、虐待行為そのものが増加していることと、法の施行等により、社会の虐待に対する理解が深まったことが大きな要因と言えます。2004（平成16）年の法改正後は、通告する際の子どもの範囲が、「虐待を受けた子ども」から、「虐待を受けたと思われる子ども」に拡大されました。また、虐待の定義が拡大され、心理的虐待には、配偶者からの暴力（DV）のある家庭内で暴力にさらされている（面前DV）子ども等が含まれることになりました。面前DVの場合、警察から児童相談所への通告が徹底され、大きな増加要因になっています。

　さらに、悲惨な虐待事例が発生する都度、マスコミに大きく取り上げられ、虐待に関しての国民の関心が高まり、通告の増大につながっています。

資料３：対応件数の推移―児童相談所における児童虐待相談―

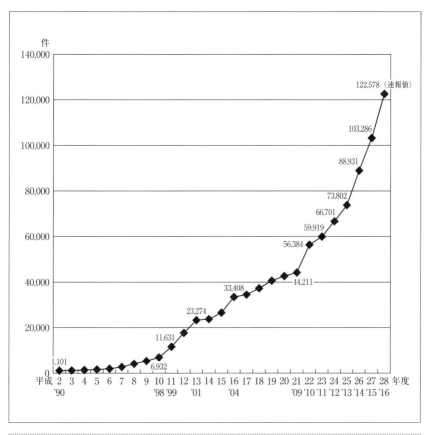

相談件数増加の背景
* 1997（平成９）年：「児童虐待等に関する児童福祉法の適切な運用について」（厚生省通達）
* 2000（平成12）年：「児童虐待防止法」成立
* 2004（平成16）年：「児童虐待防止法」第一次改正
* 2007（平成19）年：「児童虐待防止法」第二次改正
* 2011（平成23）年：「民法」改正
* 2016（平成28）年：「児童虐待への対応における関係機関との情報共有の徹底について」（警察庁通達）
* 2016（平成28）年：「児童福祉法等」の改正

出典：平成29年度全国児童福祉主管課長・児童相談所長会議資料を加工

Q6 しつけと虐待の違い

しつけと虐待の違いは何ですか？

Answer

　虐待を疑われた親などの多くは、ほとんどの場合、自分が虐待していたことを認めず、あるいは親権を振りかざし、子どものしつけのためにやっているのだと主張します。親として、「子どもが言うことをきかない」、「わるいことをした」ときに、罰としてお仕置きをするのは当然のことである、子に対して暴力を振るうこともしつけのうち、と言い張ります。しかし、しつけと虐待は違います。本来しつけとは、子どもの欲求や理解度に配慮しながら、基本的な生活習慣・生活能力、他人への思いやりや社会のルール・マナーなどを身につけるよう働きかけることであり、子どもの人権を無視し、暴力で、親に従わせようとすることではありません。親などがしつけと考えていたとしても、その考え方に関係なく、子どもにとって有害かどうかで判断する必要があります。

　したがって、たとえば、「1回叩いたときはしつけ」で、「3回以上叩くときは虐待」のような判断はできません。

　また、虐待行為は暴力的な行為に限られるような印象を持ちがちですが、「子どものわがままは認めない」などとして、常に子どもの要求に耳を貸さない、無視するといった静かな虐待もあるので、見つけにくい場合があることも知ってほしいと思います。

Q7 日本と他国との比較

日本で特に多いのですか？

Answer

　虐待事件が多数報道されるようになりました。

　子どもを一番守らなくてはならない親が、わが子にこれほど酷い行為をすることが理解できない方がいる一方、自分も、加害者の立場に立つかもしれない、と不安を抱く方がいると思われます。現在のように、虐待が注目されるようになったのは、わが国では、法が施行された2000（平成12）年以降のことで、「子どもが虐待されているかもしれない」との通告件数は年々増加しています。しかし、まだ、家庭内の密室に潜在している虐待事例が多数あると推測できます。

　諸外国の状況を見る場合、根拠となる法律や虐待の定義が異なっており、比較は困難です。

　日本に特に多いかどうかを比較することはできませんが、我が国は、まだまだ対策が不十分であり、そのために、発見されていない虐待事例があると考えられます。

追記：庄司順一『子ども虐待の理解と対応』（フレーベル館）に、アメリカ健康福祉局ホームページによれば、2004（平成16）年に、虐待が疑われる通告は約300万件あり、約87万件の虐待が確認された、と書かれています。

Q8 誰が虐待するのですか?

虐待をする人

Answer

　児童相談所で対応した虐待相談件数は、2015（平成27）年度に、10万件を超えています。主な虐待者は、実母が51％と最も多く、次いで、実父の36％、その他（祖父母、叔父叔母など）6％、実父以外の父6％、実母以外の母1％となっています（資料4）。

　これを性別にまとめると、実父と実父以外の男性の割合が42％で、実母と実母以外を合わせた女性の割合が52％です。5年前は男性が32％、女性が61％で男女差は倍の開きがありました。現在、男女差は少なくなっています。これは、女性向けの対策ばかりでは不十分になることを示していると思われます（資料4）。

　一方、警察が通報を受け、子どもを保護した事件のうち、加害者を検挙した事例の統計を見てみると、被害者である子どもと加害者との関係で、実父、養父、継父、その他内縁関係を含めた男性が加害者の7割以上を占めています。つまり、虐待の程度が命に関わるようなレベルの場合は、刑事事件に発展していて、その場合の加害者は実父など男性が7割を超えていました（資料5）。

　この性別の違いに着目した対策の一つが、男性向けの育児教室や料理教室です。近年、男性向けの施策の充実に努める自治体が増えています。

資料4：主な虐待者の変化―児童相談所における虐待相談―

2015年
103,286件　実父 36%　実父以外の父 6%　実母 51%　実母以外の母 1%　その他 6%
　　　　　42%　　7%　　　52%　　　1%　　　7%
2010年
56,384件　25%　60%
　　　　　32%　　　61%

出典：政府統計の総合案内（e-stat）「平成22・27年度福祉行政報告例」を加工

資料5：被害児童と加害者の関係（2016年）―警察庁―

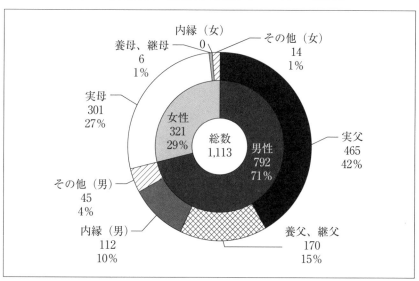

出典：「2016（平成28）年の児童虐待の検挙状況等について」（警察庁）を加工

Q9 虐待は一部の人の問題ですか？

虐待の普遍性

Answer

　「親は、常に自分の産んだ子をかわいがり、慈しむはず」という社会通念が強く、虐待は、特別な親の問題であると考えられがちです。一方、子どもの人権に対する認識も不十分です。虐待は、個人的、社会的、経済的などの様々な要因が複雑に絡み合って引き起こされます。決して、特別な一部の人の問題ではありません。

　現代の子育ては、家族形態の多様化・脆弱化、地域社会からの孤立化などにより、母親に子育ての負担が集中しています。さらに、母親自身にきょうだいが少なく、また近隣にも子どもが少ないなど、成長する過程で身近に子育てを見る機会がほとんどありません。子育ての知識がないまま、密室化したわが家で、独りで子どもと向き合い、育児ストレスを抱える親は多いのです。

　「泣く子も黙る〇〇」とは恐ろしいものの例えですが、子どもの泣き声には親を追い詰めるような威力があります。幼い子どもは、親の思い通りになるどころか、逆に子の泣き声に親が悲鳴をあげ、泣き声を止めさせようとした結果、子どもを思いきり叩いていた、子どもの頭に座布団をかぶせていた、などという経験が語られることが珍しくありません。とりわけ子育てをたった一人で担う親は、相談相手もなく、ストレスを一身に抱えている中で、本来は守るべき子どもを虐待している場合があります。そういう意味から、虐待はどこの家庭でも起こりうる問題であると認識し、子育て家庭に対する育児相談などの一般的なサービスを充実させるとともに、虐待が発生しやすい家庭（ハイリスク家庭）に対する支援を充実し、虐待の予防と虐待家庭を早期に発見することが重要です。

Q10 なぜ虐待するのですか？

虐待を行う理由

Answer

　子どもを虐待してしまう可能性は誰にでもあると言われますが、実際に虐待している事例を分析して虐待に至る恐れのある要因（リスク要因）が抽出されています。リスク要因には次のようなものが挙げられます。

【保護者側のリスク要因】
- 望まぬ妊娠（とりわけ10代の妊娠）
- マタニティブルー、産後うつ病等精神的に不安定な時期にある
- 疾患（精神障害、知的障害、アルコール依存症等）を抱えている
- 保護者自身が愛情を受けて育っていない（被虐待経験がある場合も）
- 育児のノウハウを知らず未熟な子育てがストレスを増大させている

【子ども側のリスク要因】
- 未熟児、障害児など、養育者にとって何らかの育てづらさを持った子ども

【養育環境のリスク要因】
- 家庭の経済的困窮や社会的孤立
- 未婚を含むひとり親家庭のほか、内縁者や同居人がいる、子連れの再婚など、家族関係が複雑な場合
- 生計者の失業や、転職など経済的不安定、転居を繰り返す家庭
- 夫婦間の不仲、配偶者の暴力（DV）
- 【その他のリスク要因】
- 妊婦検診の未受診、乳幼児健診未受診、きょうだいに虐待がある場合は他のきょうだいへの虐待リスクあり

出典：「子ども虐待対応の手引き」改正版　厚生労働省2013（平成25）年

Q11 虐待されている子どもの年齢

虐待されている子どもの年齢は？

Answer

　全国の児童相談所で対応した虐待相談から見てみましょう。

　虐待された子どもを年齢別に見ると、2015（平成27）年度、最も多いのは小学生で35％、次いで、3歳～学齢前23％、0～3歳未満20％、中学生14％、高校生・その他8％の順となっており、小学生以下が約8割を占めています（資料6）。

　2001（平成13）年度から、2015（平成27）年度までの推移を見ると、小学生以下の伸び率は4倍、一方、中学生・高校生の場合は、件数は少ないですが、伸び率は7倍と非常に高くなっています（資料7）。

　子ども全体への目配りが重要です。

　なお、虐待により死亡（心中以外）した子どもの事例について、国は詳細な検討を行っています。それによると、2004（平成15）年7月から2016（平成28）年3月末までの12年半の間に死亡したのは678人います。年齢別に見ると、0歳が最も多く46％、次に1～3歳30％、4～6歳12％となっており、学齢前の子どもが約9割に達しています（資料8）。

資料6：年齢構成（2015（平成27）年度）—児童相談所における児童虐待相談—

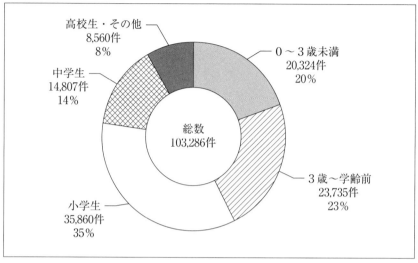

出典：政府統計の総合案内（e-stat）「平成27年度福祉行政報告例」を加工

資料7：年齢別対応件数の推移—児童相談所における虐待相談—

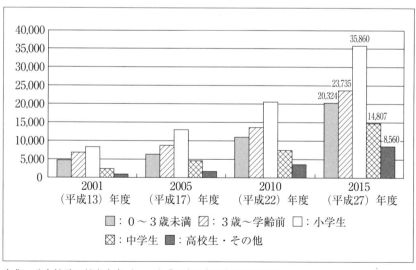

出典：政府統計の総合案内（e-stat）「平成27年度福祉行政報告例」を加工

**資料８：虐待による全死亡事例（心中以外）の年齢別人数
（平成15年７月～28年３月）**

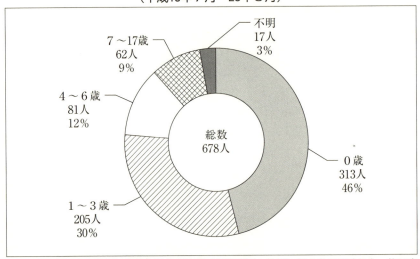

出典：「社会保障審議会児童部会児童虐待等要保護事例の検証に関する専門委員会　第13次報告」2017（平成29）年８月を加工

虐待されている子どもの状況

虐待されている子どもの状況について、教えてください。

Answer

　子どもの虐待関係の統計数字は、毎年、政府の統計調査として公表されています。それ以上に詳しいものとして、これまでに1988（昭和63）年、1996（平成8）年、2008（平成20）年、2013（平成25）年の4回、全国児童相談所長会が、実態調査をしています。

　2013（平成25）年の調査は同年4月1日から5月31日までの2か月間に、全国の児童相談所に虐待の疑いで通告された子どもと保護者の状況、これへの児童相談所の対応に関する悉皆調査で、4か月の間を置いた9月1日現在で回答したものです。児童相談所の全国的な協力により、回収率は100％でした（以下「2013年調査」という。）。

　「2013年調査」によって、重症度別に虐待の内容を見てみます。

　生命の危機あり2％、重度虐待6％、中度虐待24％、軽度虐待41％、虐待の危惧あり21％となっています（資料9）。

　虐待が発見されるまでの期間を見てみると、1か月未満19％、1か月以上3か月未満9％、3か月以上6か月未満7％、6か月以上1年未満8％、1年以上3年未満15％、3年以上15％、不明27％、無回答1％となっています（資料10）。

　つまり、1年以上3年未満15％と3年以上15％を加えると、1年以上が全体の3割にもなります。

　虐待が発見されるまでの期間が少しでも短くなるよう、今後とも、早期発見に努めなくてはなりません。

資料9:虐待の重症度―2013(平成25)年―

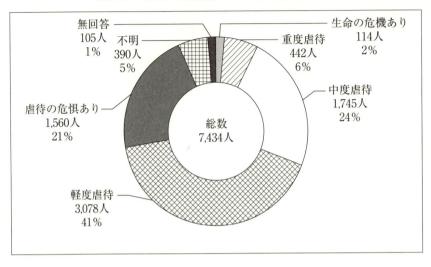

(注) 虐待の重症度
1. 生命の危機あり:身体的虐待等によって、生命の危機に関わる受傷、ネグレクト等のため、衰弱死の危険性があるもの。
2. 重度虐待:今すぐには生命の危険はないと考えられるが、現に子どもの健康や成長、発達などに重要な影響を生じているか、生じる可能性があるもの。
3. 中度虐待:継続的な治療を要する程度の外傷や栄養障害はないが、長期的にみると子どもの人格形成に重大な問題を残すことが危惧されるもの。
4. 軽度虐待:実際に子どもへの暴力があり、親や周囲のものが虐待と感じているが、一定の制御があり、一時的なものと考えられ、親子関係には重篤な病理が見られない。
5. 虐待の危惧あり:虐待行為はないが、「叩いてしまいそう」などの子どもへの虐待を危惧する訴えがあるもの。

出典:財団法人子ども未来財団「児童虐待相談のケース分析等に関する調査研究結果(報告書)2014(平成26)年を加工 この調査は、同財団の委託を受け、全国児童相談所長会が行ったもの。以下では「2013(平成25)年調査」という。

資料10：虐待の期間（2013年）

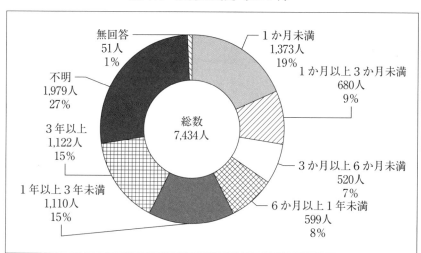

出典：「2013（平成25）年調査」を加工

Q13 虐待の発見が難しい理由

なぜ虐待は見つけにくいのですか？

Answer

　虐待のほとんどは、家庭という密室の中で起こります。また、当事者から明らかにすることは少ないのです。虐待している親などは虐待を認めないことが多く、子どもも打ち明けることはほとんどありません。子どもは、親を失う不安や他人に話したことが親に知られるとさらに酷い目にあうかもしれないことから、本当のことをなかなか話せません。特に性的虐待の場合は、この傾向が強くなります。周りの人々も、家庭の問題に介入すべきではないという意識もあり、また実際にも気がつくのは困難です。

　虐待は、発見しにくいものであるという認識に立ち、対応する必要があります。虐待のサインに気づくことが重要です。

　児童相談所では、子どもに係る様々な相談に応じていますが、虐待ではない相談の中にも、実は虐待がその根底にあったという事例が多くあります。つまり、虐待を受けたことにより様々な問題行動を表わすようになった子どもの「養護・育成相談」として、あるいは、「非行相談」として表面化してくる場合があります。

Q14 虐待を疑うきっかけ

どんなことから虐待が疑われるのですか？

Answer

虐待は潜在化しやすいため、子どもの状況や親の様子から、虐待が疑われるかどうかを見つける必要があります。

【子どもの状況】
○体重、身長の増加が不良
○身体・衣服が不潔
○不自然なケガやあざがある
○表情が乏しい
○夜尿、多動、乱暴、虚言
○年齢不相応な性的関心が見られる

【親との関係】
○なつかない、おびえる、家に帰りたがらない
○人間関係を築けない、孤立している

【親の状況】
○心身の疾患、依存症
○攻撃性
○感情不安定
○衣食住の世話をしない
○検診・予防接種を受けさせない
○しつけをしない、しつけしすぎる
○子どもをかわいいと思えない
○拒否的、無関心、過干渉
○夫婦・家族関係の不仲、地域からの孤立

虐待が発見されやすい場

虐待が発見されやすいのは、どんな場ですか？

Answer

　児童相談所に寄せられる虐待相談の主な経路（2016（平成28）年度）を見ると、警察等（45％）が多く、これは、2012（平成25）年度以降急増しています。次いで近隣知人（14％）、家族等（8％）、学校等（7％）、福祉事務所（6％）となっています。子ども本人から助けを求めるのは1％と低率です（資料11、資料12）。

　また、法では、児童の福祉に職務上関係のある職種の例として「学校、児童福祉施設、病院等の団体、教職員、医師、保健師、弁護士、その他」を挙げ、「児童虐待を発見しやすい立場にあることを自覚し、児童虐待の早期発見に努めなければならない」（第5条）と定め、2017（平成29）年の改正で、さらに「歯科医師、助産師、看護師」が加えられました。

　しかし、乳幼児の場合、検診の未受診や、あるいは、小中学生の場合、不登校であるなど、発見しづらい状態にあるなどの問題も多くあります。

　虐待を早期に発見するためには、こうした場合に備えた施策が別に必要になります。たとえば、「生後4カ月までの全戸訪問事業（こんにちは赤ちゃん事業）」が全市区町村で実施されるよう普及することや、育児について悩みを抱えている養育者に育成相談を実施している市区町村や児童相談所等を広く周知するなどが挙げられます。

資料11：経路別対応件数（2016年度速報値）―児童相談所における虐待相談―

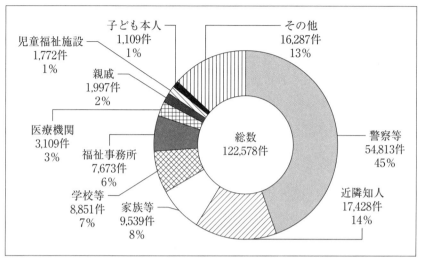

出典：平成29年度全国児童福祉主管課長・児童相談所長会議資料を加工

資料12：警察からの通告件数の推移（平成18～28年度）―児童相談所への通告―

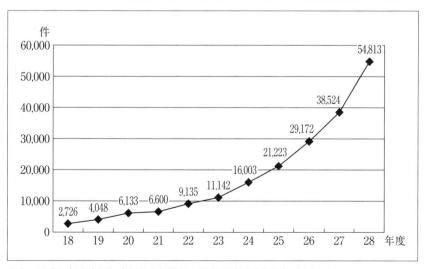

出典：平成29年度全国児童福祉主管課長・児童相談所長会議資料を加工

Q16 専門家以外による虐待の発見

専門家でないと、虐待は発見できませんか？

Answer

　児童相談所に寄せられる虐待相談の経路を見ると、近隣知人（14％）、家族等（8％）からの相談が2割以上を占めています（資料11）。

　子どもの幸せを願い、健やかな成長を見守っていきたいと思っている人であれば、誰でも相談ができ、虐待の発見につなげることができます。

　気づくことが大切です。

【子どもからのSOSのサイン】
○いつも子どもの泣き叫ぶ声が聞こえる
○衣服や身体が極端に汚れている
○不自然な外傷が見られる
○表情が乏しく元気がない
○落ち着きがなく情緒不安定である
○おどおどした態度で大人を避けようとする

Q17 虐待の疑いのある子どもを見つけたときの対応

虐待の疑いのある子どもを見つけたとき、どうすればいいですか？

Answer

　虐待を受けたと思われる子どもを見つけたときは、すみやかに、そのことを児童相談所か市区町村に通告しなければなりません。子どもが、親から虐待を受けていることを、自分から積極的に訴えることは稀です。本人が隠しているなどして、虐待の事実を確認できない場合であっても、疑いがあれば何らかの対応が必要です。誤報や親とのトラブルを恐れていると手遅れになる恐れがあります。また、通告を行うのは、一部の専門家だけではなく、すべての国民に課された義務です。虐待は潜在化しやすいため、見つけたら、誰でも通告することとなっています。匿名でもかまいません。こうした通告については、法の趣旨に基づくものであれば、刑事上、民事上の責任を問われることはありません。

　「通告」とは、難しい、特別な行為のことのように思われますが、法律用語の「通告」は、虐待されている子どもを発見した人が、そのことを児童相談所などの相談機関に「相談」することも指します。それは書類を作るというような複雑な手続きを必要としません。電話でも、窓口の人に声をかけるだけでもいいのです。虐待を受けている、あるいは、その恐れのある子どもを助けるために相談すること、と考えてください。

Q18 どこに通告するのですか？

通告先

Answer

　虐待への対応は、その発見から始まります。

　虐待を受けたと思われる子どもを発見した人はどこに相談・通告すればいいのでしょうか。

　児童相談所や市区町村となっています。

　児童相談所は都道府県、政令指定都市などにあり、その数は全国に210か所と少なく、日頃、あまり身近な機関とは言えないかもしれませんが、子どもに関する専門機関です。

　しかし、人によっては身近な所の方が話しやすいという人もいるでしょう。そのような場合は、民生委員・児童委員、保育所や幼稚園、学校、学童クラブ、児童館、保健センターなどが対応しています。児童に関わりの深い施設やそこで働く職員には、虐待の早期発見に努めることや、国や地方公共団体への協力が求められています。近頃は、配偶者への暴力（DV）のある家庭に関連して、警察への通告が増えています。

　相談・通告を受けたこれらの施設で問題が解決できなければ、そこから、市区町村や法的権限を持つ児童相談所に通告することになります。

児童相談所全国共通ダイヤル189(イチハヤク)
『189』番に電話すると、一定の手順を踏んでから、最寄りの児童相談所へつながる仕組みができました。2016（平成28）年度の接続数は約55,000件でした。

「虐待かな」と思ったら迷わず、
児童相談所全国共通ダイヤル

いち はや く
189 へ

通告内容が間違っていた場合でも、
通告をした人が責任を問われることはありません。

Q19 通告後の子どもの処遇

通告後、その子どもはどうなりますか？

Answer

　児童相談所は「虐待されていると思われる子がいる」との通告を受けると、何よりもまず、子どもの生命、安全の確保を第一に対応します。「虐待通告を受けたなら、48時間以内に（子どもの）安全確認を行うのが望ましい」という「時間ルール」に沿って、必要に応じて民生委員・児童委員、近隣住民、学校や施設の職員等の協力を得つつ、子どもの状況確認を必ず行います。

　子どもとの面会を親などが強く拒否するような場合には、親などに出頭を命じ、出頭に応じない場合には、裁判所の許可を得て（子どもを）捜索するなど、早期の確認に努めます。

　子どもの状況を確認した結果、必要な場合には、子どもを親などから引き離し、一時的に保護します。

　調査の結果、緊急に保護する必要がない場合もあります。継続的な援助が必要な家庭環境と判断されれば、地元の市区町村等と連携しつつ、援助を進めていきます。

Q20 一時保護した理由

一時保護するのはどんな場合ですか？

Answer

「2013（平成25）年調査」（Q12参照）によれば、調査対象となった子どもの総数は7,434人で、うち児童相談所が3か月間で一時保護したのは、一時保護中1％と、一時保護した21％を合わせて22％です。一時保護した理由は、複数回答ですが、第1位が、「子どもの安全確保のために保護」（84％）、第2位が「調査が必要」（33％）、「その他」（10％）となっています（資料13、資料14）。

一時保護しなかった理由は、虐待はあったが、継続的な保護が必要でないことが判明した、虐待はあり、問題は残るが、保護者が（虐待を）認め、合意が取れた、虐待はあったが、問題が解消した、接触が取れない、あるいは行方不明や子どもが一時保護所入所に同意しなかったなどです。

資料13：一時保護の有無

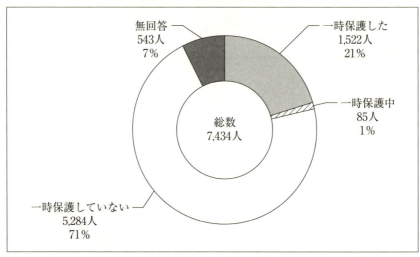

出典：「2013（平成25）年調査」を加工

資料14：一時保護の理由

※複数回答

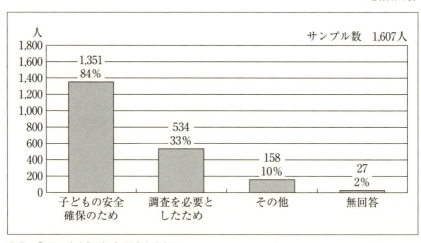

出典：「2013（平成25）年調査」を加工

Q21 一時保護所からの退所先

一時保護所からの退所先はどこですか？

Answer

　一時保護の目的は、虐待されている子どもを保護者から引き離して、安全を確保することですが、一時保護の期間満了後は、保護されていた子どもがすべて、直ちに施設に入るということではありません。

　児童相談所では、一時保護期間中に、保護者への育児指導などを通じて、子どもが家庭に戻れる可能性を追求していきます。その結果、どうしても家庭に戻る状況ができない場合は、施設への入所などが検討されます。

　「2013（平成25）年調査」を見ると、一時保護を終えた後の退所先は、保護者が引き取った割合（56％）と、保護者以外の親族が引き取った割合（5％）を合わせると6割を超えています。

　次いで、児童養護施設などの施設への入所が3割強となっています。里親への引き取りは2％と低いです（資料15）。

資料15：一時保護の解除理由

- その他　48人　3％
- 無回答　10人　1％
- 里親委託　30人　2％
- 施設入所　511人　34％
- 保護者以外の親族への引き取り　70人　5％
- 保護者への引き取り　853人　56％
- 総数　1,522人

出典：「2013（平成25）年調査」を加工

Q22 通告後の保護者の処遇

通告された後、その保護者はどうなりますか？

Answer

　児童相談所は、虐待の通告を受けると、通告者からはもちろんですが近隣の児童委員からの聞き取りや関係機関への照会も行います。

　そのうえで、保護者自身から直接、聞き取りを行います。保護者が引きこもっている場合や、子どもに会わせないなど、子どもの安全を確認できない場合は、立ち入り調査や、裁判所の許可を得て子どもを捜索することになります。なお、2007（平成19）年の法改正後、保護者が調査を拒んだ場合は、一定の手続きを経た後、その場で取り調べができるようになりました。

　調査に際しては、子どもの安全を確認したいという調査の趣旨を、子どもと保護者に十分説明する必要があります。なお、この場合、いきなり「虐待の恐れがあるので調査します」とは言いません。子育てに何らかの形で問題を抱えている保護者の相談・援助の用意があることを伝え、心を開いてもらうよう努めます。子どもの安全確保のため、保護者などの反対があって一時保護する場合であっても、一生引き離すのではなく、保護者と子どもが再び一緒に暮らせるような配慮が必要とされています。通告は、子どもを守ると同時に保護者への支援にもつながります。

　以上の配慮をしてもなお、保護者が「子どもを健全に育成するための指導」に従わず、親権を行使することが児童の福祉を害する場合、児童相談所長は、必要に応じて、親権喪失や親権停止の審判の申立てや、未成年後見人の選任を請求することができます。

Q23 虐待の通告が誤っていた場合の通告者

虐待の疑いがあると思って通告しましたが、虐待でなかった場合、どうなりますか?

Answer

2004(平成16)年の第一次法改正で、通告対象の範囲が、「虐待を受けた子ども」から「虐待を受けたと思われる子ども」に拡大されました。虐待されているかどうかは通告を受けた児童相談所が慎重に調査するので、通告者は「虐待でなかったらどうしよう」と心配せずに、その疑いがあれば通告してください。

「虐待でなかったら、相手との関係が悪くなるかもしれない」と心配し、通告するのをためらう場合も多々あったと思いますが、「虐待かもしれない」段階で通告すべきであると法改正された効果は大きく、児童相談所への2010(平成22)年度の虐待相談件数は、法改正前の2003(平成15)年度に比べ約2倍と大幅に増加しました。

通告を受けた児童相談所では、虐待を受けたと思われる場合も含めて、虐待に関する通告はすべて「虐待通告」として緊急受理会議を開き、適切な対応を図っていきます。

なお、通告の約2割が虐待ではなかったと言われています。

Q24 通告者の責任

通告した人にどのような責任がありますか？

Answer

　通告した際には、その子どもの住所、氏名、年齢、虐待の内容、家庭環境などについて、分かっている範囲で、児童相談所の聞き取り調査に応じる必要があります。通告者は匿名でもいいのですが、できれば、通告者の住所、氏名、電話番号などを伝えると、通告を受けた側は、虐待の状況を把握しやすくなります。これは、通告者と子どもとの関係で、聞き取りにあたっての留意点が異なるからです。親族からの通告の場合は、親などとの関わりへの配慮や、また、近隣住民の方の場合は、子どもの様子などが具体的に分かる場合もあるからです。なお、通告者が誰であるかなどを親などに教えることは、もちろんありません。また、通告したことによって、民事上・刑事上の責任が問われることはありません。

　通告者自身が正義感や責任感から必要性を感じたとしても、調査や指導することまでは求められていません。

　問題は、通告しない人の責任についての定めがないことです。医師、看護師、児童福祉施設の職員、学校の教職員、その他、虐待を発見しやすい立場の人々の対応が不十分だと、児童虐待は見逃されてしまいます。今回の法改正で、歯科医師、保健師、助産師も虐待を発見しやすい立場の人々に加えられました。多くの職種の方の目配りが欠かせません。なお、上記の児童虐待を発見しやすい職種に関わる方やその組織が、児童虐待に関わる情報を児童相談所や市区町村に提供することは法で認められており、守秘義務違反にはなりません（児童福祉法第21条の10の5、法第13条の4）。

Q25 誤って虐待と通告された人
誤って虐待しているらしいと通告された人は傷つきませんか？

Answer

　虐待通告を受けた児童相談所は、子どもの安全確保を最優先に対応します。まず、通告してきた人から、子どもの住所、氏名、年齢等をはじめ、家庭環境、虐待の内容、状況などについて聞き取るとともに、地元の市区町村とも連携します。そのうえで、親などからの聞き取り、子どもへの面会に当たりますが、その際、虐待と決めつけずに、慎重に対応します。保護者に対して、通常、「虐待と思われる通告があったから、調査に入った」とは言いません。誤って通告された人が傷つくことがあってはならないからです。

　具体的な事例としては、虐待としつけの境界がはっきりせず、どの程度から虐待と判断するかは難しく、また、保護者が虐待している場合でも、虐待しているという自覚がある場合は少ないのです。

　したがって、児童相談所をはじめとする関係機関は、子どもの安全確保上緊急を要する場合を除いては、虐待が疑われても、「虐待」と決めつけず、子どもや保護者の状態から問題がありそうな場合、子育てを支援する立場から、保護者の信頼を得て、積極的に対応を開始します。

第2章
虐待されている子ども

　虐待されている子どもが自分から助けを求めることは稀です。かえって必死に隠している場合もあります。また、何かと問題児扱いされている子どもが、実は虐待されている場合も珍しくありません。

Q26 虐待の兆候 —これまで見過ごされてきた虐待の数々の事例

見過ごされてきた虐待の兆候について教えてください。

Answer

　これまで、一般に虐待とは思われず、見過ごされてきた様々なことがあります。

　例えば、叩いてしつける、ということはしつけの一つの方法であると考えられていました。「頭を叩いているのではないから虐待ではない」と考えている人もいました。また、いつも汚い服装だったり、子どもだけで夜間過ごしている場合、「生活が大変なせい」と受け止められていました。さらに子どもが夜遅くまで出歩いていたり、不良行為と思われる行為があったりすると、「きちんとしつけがされていない」とか、「その子ども自身の問題」と考えられてきました。

　しかし、このようなことは、その背景に虐待が存在する可能性があります。しつけと称して暴力で支配されているかもしれません。生活が大変だからと、放置されているのかもしれません。

　また、つらさを紛らわすために非行に向かっているのかもしれません。子どもの様子が「あれ、どうしたのだろう？」と思われるほど大きく変わったり、虐待のせいと思われるような言葉遣いや行動があった時、「まさか」と否定せず、虐待されている可能性がないか、注意してみることも必要です。

Q27 虐待の兆候——子どもの様子

虐待の兆候と思われる子どもの様子について教えてください。

Answer

　虐待の兆候と思われるような子どもの様子を列挙してみますと、子育ての過程で経験するようなことが多く見られます。どの程度から虐待だと判断するのか線引きは難しいところですが、きめ細かく観察すると、「何か変だな」と思うようなことです。

- 不自然な傷がある
- 特別な病気がないのに身長や体重が増えない
- いつも不潔な状態にある
- むし歯が多い
- 食べることに異常に関心が高い
- 表情が乏しく笑顔が少ない
- おびえた泣き方をする
- 意欲、集中力がない
- ぼんやりしていることが多い
- 基本的な生活習慣が身についていない
- 季節にそぐわない服装をしている
- 衣服を脱ぐことに異常な不安を見せる
- 他の子どもに対して乱暴である
- 大人の顔色をうかがう
- 人とうまく関われない
- 夜遅くまで外で遊んでいたり、家に帰りたがらなかったりする

Q28 虐待による直接の影響

虐待による直接の影響はどのように表れますか？

Answer

身体への影響

- ケガをしたり、やけどをしたり、ひどい場合には骨折もある
- 栄養失調や発育不良、身体の汚れや湿疹などが見られる
- 性感染症に罹ったり、ときには妊娠することもある
- 愛情不足による発育の遅れが見られることもある

情緒面・行動面への影響

- 大人の顔色をうかがう
- 人との関係がうまく作れない
- 協調行動が取れない
- 動きや表情がぎごちない
- おびえた表情を見せる
- 感情を表わさない
- 落ち着きがない
- 暴力的になる
- 異性を怖がる

Q29 成長過程に残る虐待の影響

虐待は成長過程にどのような影響を及ぼしますか？

Answer

　身体的には愛情不足による発育不全が考えられます。十分に食べていて、栄養も足りているにもかかわらず、身体が大きくならないことがあります。これは、人間の成長にとって、食物の栄養だけでなく、人の愛情も必要であることを表しています。

　情緒面、行動面で見ると、自己評価が低く、何事にも自信が持てない、人間関係がうまく作れない、何か問題が生じた時に暴力を使って解決しようとするなど、社会生活に大きく影響を及ぼすことがあります。特に性的虐待を受けていた場合には、異性との関係がうまく作れず、将来、結婚生活に大きな影響を及ぼす可能性があります。

　また、将来、自分が子育てをする立場になったとき、子育ての方法を自身の虐待された経験を通して学習しているとか、情緒的に十分育てられていないことで、次の世代へ、虐待を繰り返す可能性もあります。

Q30 子どもが虐待を隠す理由

子どもはなぜ虐待されていることを隠すのですか？

Answer

　人に話せない、あるいは話したくない理由には様々なことが考えられます。最も大きな理由として考えられるのは、周りの人が信じられないことです。うっかり話してしまうとそれが親などに告げられて、さらに虐待がひどくなるかもしれません。誰が自分にとって味方なのか分からない。したがって、誰に言えばよいのか分からない、ということも考えられます。

　一方、親の愛情を求める気持ちも強いので、虐待されていることを人に話すことにより、親から見捨てられてしまうかもしれない、という不安もあります。

　また、意図的に隠しているわけではないのですが、「他人に言ってもよくなるかどうか分からない」、あるいは「言ってもどうにもならない」と思い、誰にも相談しないということもあります。

　一方、家の中で起きていることなので、人に知られてはいけないことだと思っていたり、また家の中でそのようなことが起こっていることを人に知られたくない、親が酷いことをする人だということを人に知られたくない、という気持ちがあるかもしれません。

　また、日頃、自分は「悪い子」、「だめな子」だから叱られる、と思い込まされているような場合には、自分が悪い子だということを人に知られたくない、という思いがあるかもしれません。

Q31 子どもが助けを求めない理由

子どもはなぜ助けを求めないのですか？

Answer

いくつかの理由が考えられます。

まず、子どもは自分が悪い子だから親に厳しく叱られる、と思い込まされています。ですから助けを求めてはいけない、と思っています。自分が悪い子なのに、親の承諾もなしに勝手なことをしたら、ますます親を裏切ることになってしまう、そう思い込んでいる可能性があります。

それから、助けを求めるべきことなのかどうか分からず、助けの求め方も分からないということも考えられます。一体誰に、どのように助けを求めたらよいのか、多くの子どもは情報を持っていません。

そして、過去の経験から、誰も助けてくれないと諦めていたり、また、つらいという感覚を麻痺させて、助けを求める判断力をなくしてしまったり、ということも考えられます。

子ども自身が助けを求めていないから、「つらい思いをしてはいない」、「安全である」ということではありません。安全であるという確信が持てる場所で、信頼できる人にしか本音は言えないのです。

子どもを虐待から救うには、周囲にいる大人たちが、子どもの状態を注意深く見ていく必要があります。

Q32 子どもが虐待している保護者を責めない理由

子どもはなぜ虐待する保護者を責めないで、自分が悪いと思うのですか？

Answer

　虐待する保護者といえども、いつも虐待しているわけではありません。十分かどうかは別にして、食事の世話など生活全般の面倒を見ている場合がほとんどです。子どもは、そのことを知っており、保護者のことを好きだし、保護者なくして生きていく術がないと思ってもいます。

　保護者は子どもを虐待するとき、「お前が悪い」、「しつけのためにしている」などと言って、自分の怒りや不安、不満を、自分に歯向かうことのできない、弱い立場の子どものせいにします。そのため多くの子は、自分が悪いため叱られていると思い込んでいます。子どもへの生殺与奪の力を持ち、子どもの上に君臨しています。しかも、虐待はエスカレートしていく傾向があります。

　いろいろなパターンがありますが、虐待されている子が自分に加えられた傷害を、「母や父がした」と訴えることは少なく、沈黙することによって、あたかも、ダメな親を守り、親を保護し、親の秘密を世間に対して守り、かばうように振る舞うのです。子どもに対して「あなたは悪くない」と伝え、心を開かせない限り、虐待されていることを認めたがらない、と言われています。

　しかし、子ども自身の年齢が上がり、体力がつき、あるいは知識や社会経験が増して、友達や他の家庭との比較ができるようになると、受け止め方も、自分が受けているのは理不尽な仕打ちだと思うように変わってくることもあります。

Q33 子どもが虐待する保護者をかばう理由

子どもはなぜ虐待する保護者をかばうことがあるのですか？

Answer

　子どもにとって保護者は、絶対的なかけがえのない存在です。たとえ暴力を振るわれてつらい思いをしていたとしても、それは自分との間のことであって、第三者とは関係のない問題なのです。

　自分が受けた暴力などを人に知られたくない、という思いもありますし、ましてそのことで非難されることは耐えがたいことになります。自分が受けた傷のことで、非難されるとしたら、保護者を守らなければなりません。

　また、子どもをいじめているなどということは、その家庭にとっても恥になる、恥ずかしいこと、という意識も働きます。ですから、ケガの原因を、転んだとか、ぶつけたなどと自分のせいにします。

　また、自分が言うことを聞かないからいけないのだと言ったりします。本当に「自分が悪いから、叱られるのだ」と思っていることもあります。

　一方、自分が保護者を非難することで、さらに虐待がエスカレートする可能性がある、という思いもあるでしょう。

　なお、保護者には親権者、未成年後見人のほか、里親、児童福祉施設の長などが該当します。どの保護者も子どもにとって絶対的な存在です。

Q34 子どもが虐待されている時に感じていること

虐待されている時、子どもはどのように感じているのですか？

Answer

　つらい思いをしています。とても怖い思いをしています。しかし、逃げたり、抵抗したり、また、助けを求めることもできません。

　児童相談所に保護された子どもが、なぜ逃げなかったのか聞かれたとき、「蛇ににらまれた蛙と同じで、動けなかった」と述べています。また別の中学生の女の子は、児童相談所に保護された後、暴力を振るう父親の代理人という第三者に会うのさえ、震え、泣きだして、話ができませんでした。このように暴力を振るう人の影を感じるだけでも恐怖感が募るほど、つらい、怖い思いをしています。

　暴力を振るわれている時は、恐怖が先に立ち、金縛りのようになって、「怖い」、「逃げたい」と思っていても身動きすらできなくなってしまうのです。

　また、長い間このような経験が繰り返されていると、自分自身の無力さを強く感じ、「何をしてもムダ」と、無意識のうちに感覚を麻痺させて、つらい思いを感じないようになってしまうこともあります。

Q35 子どもの身の守り方

子どもはどうやって自分の身を守るのですか？

Answer

　第三者が、虐待している保護者からその子どもを守らない限り、幼い子どもを守る方法はありません。自分で助けを求められるようになれば、自分で身を守る可能性はかなり大きくなるでしょうが、幼い子どもにとってはその術はありません。結局耐えるしかないのです。

　そのつらさに対し、子どもはしばしば、無意識のうちに感覚を麻痺させることで乗り越えようとします。

　また、はっきりと助けを求める行動に出られないけれど、何らかの態度や行動で虐待を受けている可能性を表わすことがあります。例えば、暴力的な態度、孤立状態や、いじけた態度、暗い表情、無表情、そして人間関係がうまく結べないなどがあります。このような態度や行動を示すことで、本人は意識していないけれど、周りの人たちに気づいてもらい、身を守ろうとしているとも考えられます。

Q36 子どもが助けに入った人に身構える理由

虐待されているのに、なぜ子どもは助けに入った人に身構えるのですか？

Answer

　虐待されている子どもは、一番身近で、最も信頼を置けるはずの保護者に裏切られ、酷い仕打ちを受けて育ったため、人に対する信頼感を持てなくなっています。ですから、周りの大人も信用することはできません。

　助けに来てくれた大人が本当に自分にとって信用できる人かどうか、本当に自分の味方なのかどうか分かりません。優しい言葉をかけてくれたり、親切にしてくれたりしているけれども、いつ気が変わって、自分に対し酷いことをするようになるか分かりません。保護者と一緒になって、本当は自分をいじめようとしている人かもしれません。ですから身構えます。

　自分にとって本当に信じられる人、自分を守ってくれる人だと確信できるようになるまでには、時間がかかります。その間は身構えて、敵意を示したり、わざと反抗したり、親切に対し裏切るような行動をとったり、といろいろ試し行動に出ることもあるのです。

Q37 虐待が行われている家庭での虐待されていない子どもの気持ち

虐待が行われている家庭で、虐待されていない子どもはどのような気持ちでいるのですか？

Answer

　家族や、虐待を受けていた子どもの話から推測すると、虐待されていない子どもの気持ちや行動にはいくつかのパターンが考えられます。

> ○（虐待される子は）悪い子だから親が厳しく当たるのだと思っている（この場合、虐待されていない子も一緒になってつらく当たる可能性がある）
> ○（虐待される子を）かわいそうと思ってかばう
> ○虐待されることを理不尽とは思うが、かばうと自分に被害が及ぶので無視する

　そして、暴力的な家庭環境に育つことで、以下のような影響を受けることが考えられます。

> ○トラブルがあったとき、解決手段として、暴力を振るってもかまわないと考えるようになり、攻撃的で、乱暴な行動をとるようになることがある
> ○対人関係で良好な人間関係が持てない
> ○人を信じることができない

　家庭の中に暴力が存在するということは、たとえ直接親から虐待を受けていなくとも、心理的に虐待を受けていることになり、現在では、虐待の種別のうち「心理的虐待」に該当すると定義されています。

Q38 虐待が行われている家庭での今は虐待されていない子どもへの虐待の可能性

きょうだいの一人に虐待が発見された場合、他の子どもへの虐待の可能性はありますか？

Answer

　きょうだいの一人に虐待が発見され、一時保護された場合、その家庭に残っているきょうだいには、虐待の可能性は大いにあります。

　虐待によって亡くなった子どもや重大な被害を受けた子どものきょうだいについては、その子が直接虐待を受けている、いないにかかわらず、重大な虐待の場面に直接的又は間接的に出会っていて、心理的虐待を受けている可能性が高いのです。このことは、虐待による死亡事例等の検証結果でも、再三注意されています。

　残されたきょうだいの心理的外傷に対してのケアも必要ですし、残されたきょうだいへの新たな虐待の発生や、虐待がエスカレートする場合があることに注意して、定期的な安全確認と、そうならないよう親などを指導する必要がある、とされています。

　「子ども虐待対応の手引き」改正版（厚生労働省　平成25年）では、きょうだいのいる子どもの虐待相談を受けた場合は、必ず、きょうだい一人ひとりについて安全確認をすることとなっています。

Q39 虐待されている子どもが保護者の元にいたいと思う理由

虐待されているのに、なぜ子どもは保護者の元にいたいと思うのですか？

Answer

　子どもにとって保護者は絶対的な存在です。自分の頼れる人は他にいません。どんな保護者であろうと、自分の命を育んできてくれた人、自分を守ってくれる人と思っています。そしてつらい思いをするのは自分が悪いからで、自分さえいい子になればこのようなことはなくなると思っています。ほかに自分を守ってくれる人があるとは思っていません。それに他人は信用できません。

　一方、保護者との信頼関係は子どもの「自立」にとっての原動力になるのですが、その信頼関係が不十分だと、「保護者と離れることは、即、自分が見捨てられること」と受け止め、離れられなくなる、ということもあります。

　また、虐待がひどく、長く続くことによって、子ども自身の感覚が麻痺して、逃げることなど考えられなくなる、ということもあります。

　保護者以外に自分を守ってくれる人がいるということが分かれば、保護者の元を離れたいという気持ちがでてきますが、幼い子であるほど保護者を頼りに生きています。

　子どもには「あなたが悪いのではない、つらい思いをする必要はない」ということ、安全に自分を守ってくれる人がいるということを知ってもらうことが必要です。

Q40 「虐待された子どもは大きくなると虐待する」の信憑性

虐待された子どもは大きくなって、自分も虐待するようになると言われるのは本当ですか？

Answer

　虐待を受けて育った人たちが必ず虐待を繰り返すというわけではありませんが、かなりの割合で虐待をする可能性があると考えられます。多くの研究者の調査や統計によると、世代を超えて虐待が伝達される割合は約3割～5割と報告されています。

　なぜ虐待を繰り返すのか、そのメカニズムについては、いくつかの理論があります。

　一つは、「親の行動をモデルにすることで、自分の子育ての方法を学習する」と説明されるように、虐待を受けて育つことによって、暴力をしつけの方法として学習してきているという考え方です。

　二つには、成長過程で子どもとしての様々な情緒的欲求を十分に満たされてこなかった結果、情緒面で十分に大人になることができず、子どもが自分の要求に応えてくれないと、「子どもから拒否された」と思い込み、子どもを攻撃してしまう、という考え方もあります。

　このように、虐待を繰り返すかどうかは、育てられ方や心の成長に大きく関係があると考えられます。虐待を受けていたことのある人でも、心の傷をいやし、適切な養育を受けることにより、虐待を繰り返すことなく、子育てを行っていけると考えられます。

Q41 虐待された子どもの不安やおびえ

虐待された子どもの不安やおびえをどう理解したらいいですか?

Answer

　子どもにとって、保護者は無条件で安心と安全を守ってくれるかけがえのない存在です。そのような人に育てられることで、人に対する信頼感が育ち、人を大切にすることを身につけられるようになります。

　しかし、最も信頼でき、安心と安全を保障してくれるはずの人から酷い仕打ちを受けるということは、子どもにとって、この世の中に「安心」、「安全」はないことになってしまいます。一番信頼できるはずの人が安全を守ってくれないのですから、世の中のすべてが自分の安全を脅かす存在になってしまうのです。ですから人を信頼することはできません。人に対する思いやりや、人を大切にすることも身につきにくくなります。

　虐待された子どもは、「人から危害を加えられるかもしれない」と、常に敵の中に身を置いているような、不安な状態にいます。そして、周囲の人が自分に声をかけたり、世話をしてくれることについて、たとえ優しい言葉をかけてくれることでさえ、自分に対する攻撃ではないかと身構えてしまうことになるのです。

第3章
虐待する保護者

　育児に悩む母親が、虐待に転じている場合があります。一方、「親の勝手だ！」とか、「しつけだ！」と親に主張されると、周囲は手が出せないと思いがちなのはなぜでしょうか。
　子どもが親の所有物のように扱われてきた長い歴史があります。

Q42 虐待の兆候―保護者の様子

虐待の兆候と言える保護者の様子について教えてください。

Answer

　一般的には、虐待する保護者については、残酷な、大変怖い人というイメージを持たれているでしょう。しかし、必ずしもそういう人ばかりではありません。

　例えば、子育てに一生懸命なあまり、厳しくしつけをするつもりで子どもに暴力を振るってしまったり、生活のために昼も夜も一生懸命働いていて、結果的に子どもを何日も放置してしまったり、また、子育てについて十分な知識がないために、誤った養育方法や対応の仕方によって栄養失調にさせたり、大きな障害を生じさせたりということがあります。

　虐待する保護者の日常生活の様子を見ると、
- ・地域や親族などと交流がなく、孤立している
- ・小さい子を家に置いたまま外出している
- ・気分の変化が激しく、子どもや他人にカンシャクを爆発させることが多い
- ・子どものケガや病気を医者に見せようとしない

等ということが多く見られるようです。

　子どものいる家庭に対し、周囲の人たちが支援の目で関心を持つことが、虐待を未然に防ぐためには大事なことと考えられます。

Q43 虐待する保護者の背景

虐待する保護者の背景にあるものは何ですか？

Answer

　虐待する保護者の状況を見ると、いくつかの特徴があります。
　「2013（平成25）年調査」（Q12参照）の「主たる虐待者の心身の状況」によると、主たる虐待者7,434人のうち「不明」、「無回答」及び「特に問題なし」を除いた35％に、精神疾患や人格障害など心身に何らかの問題を抱えている状況が見られました（資料16）。
　「虐待につながるような家庭・家族の状況」では、「特になし」、「不明」及び「無回答」を除いた85％の家庭に虐待につながるような要因が見られました。最も多かったのは「虐待者の心身の状況」32％、次いで「経済的な困難」26％、「ひとり親家庭」24％、「夫婦間不和」21％、「DV」20％、「育児疲れ」15％と続いています（資料17）。
　これらの状況は単独で見られるというわけではなく、いくつかの状況を併せ持った事情にあると報告されています。
　例えば、「ひとり親家庭」の場合、他に「経済的困難」や「親族、近隣友人からの孤立」、「就労の不安定」といった事情が重なっていることも考えられます。
　なお、「虐待者の心身の状態」が虐待につながる要因として高い割合を示していますが、心身に問題があっても、必ずしもそれが虐待につながっているわけではありません。虐待のある家庭の多くは、心身の問題や、経済的な問題を抱えたりしながら、親族や近隣との関係がうまく持てず孤立状態で子育てをしているようです。そのような事情が大きなストレスとなって、子どもに対し攻撃が向けられるとも考えられます。
　虐待を予防するには、このような様々な問題を抱えている家庭への支援が必要です。

資料16：主たる虐待者の心身の状況　　＊複数回答

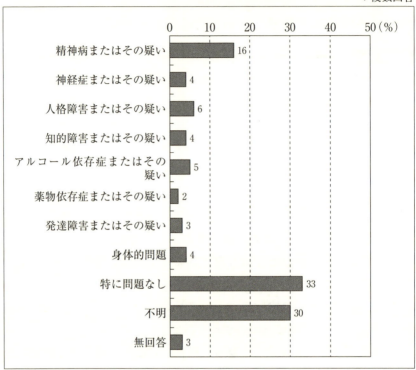

出典：「2013（平成25）年調査」を加工

資料17：虐待につながるような家庭・家族の状況

＊複数回答

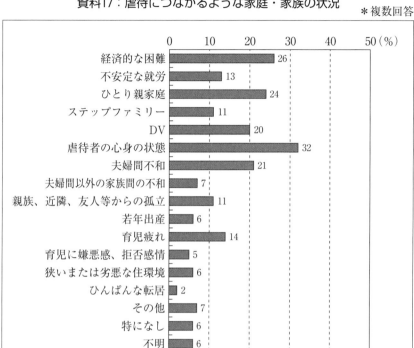

出典：「2013（平成25）年調査」を加工

Q44 虐待する保護者が虐待した子どもを自分で病院に連れていく理由

虐待する保護者が虐待した子どもを自分で病院に連れて行くのはなぜですか？

Answer

　虐待する保護者であっても、いつも子どもに暴力を加えているわけではありません。暴力を振るってしまった後、ぐったりしている子どもを見て後悔し、強い罪悪感を持ってしまう場合は多いのです。また、多くの保護者は、「子どもが傷つくことはあるかもしれない」と思っていても、命を奪うことまでは考えていませんし、自分のやっていることが命を奪うほどの酷いことだとは思っていません。ですから、思いがけず大きなケガをしたり、意識がなくなってしまったりすると驚き、「何て酷いことをしたのだろう」と、慌てて病院に連れて行くと考えられます。

　虐待の背景には保護者自身の様々なストレスが根底にあります。ストレスのはけ口として家庭の中の最も弱い者に不満をぶつけます。しかも自分のやっていることは人には知られたくないことです。少々の傷なら、他人の目から隠すことは可能です。

　しかし、そのケガがもとで子どもが死ぬようなことになったら、それは隠しきれるものではありません。ですから病院に連れて行き、「転んだ」とか「事故にあった」などと嘘の説明をして、診察を受けることになるのです。もしかしたら、子どもを傷つけても犯罪者にはなりたくない、という心理が働いているのかもしれません。

　親以外の養育者についても同様な状況と言えます。

Q45 虐待する保護者が子どもを手放さない理由

虐待するほど嫌な子育てなのに、なぜ子どもを手放さないのですか？

Answer

　虐待する保護者であっても、いつも子どもを憎み、子育てを嫌がっているわけではありません。感情に任せて暴力を振るってしまった後、強く反省し、今度はできる限りの愛情を与えたいと考える人も沢山います。そのような人たちは子どもを手放すことなど全く考えられません。

　従前、虐待する保護者の多くは「親権は自分の子どもを自分の自由にすることができる権利」だと曲解していました。ですから「しつけ」という名目で、自分のストレスのはけ口としての子どもが必要だったり、時には、かわいいと思うこともあるので、手放したくないと思っている場合もあります。また、他人の手に委ねると、自分のやってきた虐待の事実が明らかにされる可能性もあります。自分の身を守るためには、子どもを手放すわけにはいかないのです。

Q46 虐待する保護者の責任追及

虐待は、保護者の責任さえ追及すれば解決するのですか？

Answer

　保護者が子どもにケガを負わせた場合や、死なせた場合には、保護者といえども、刑法に基づいて処罰されます。しかし、保護者を罰すれば虐待しなくなるのか、問題は解決するのかと言えば、そうとは言い切れません。

　虐待する保護者は、自ら行った虐待行為が犯罪行為に該当するということを理解していない場合も多く、「しつけ」であれば、子どもを叩く、殴るのもいいと思っている場合があります。

　児童相談所では、保護者と人間関係を築き、相談援助活動を通して、保護者が虐待の事実と真摯に向き合い、自らの行為を認め反省し、二度と繰り返さないよう支援することに主眼を置きます。

　児童福祉司や児童心理司等による指導、精神科医等の協力を得て、子どもや親など家族に対してカウンセリングを行う事業などにも取り組んでいます。状況に応じて、親子関係を再構築するためのプログラムの実施などの支援も行っています。

　また、経済的な困難も含め、生活する上での様々な問題の解決には地元市区町村と児童相談所との連携が欠かせません。

　しかし、近年あまりに酷い虐待の場合、児童相談所が虐待者を告発する例も見られます。

　児童虐待防止法では、「親権者は、児童のしつけに際して親権の適切な行使に配慮しなければならない」「児童虐待に係る暴行罪、傷害罪その他の犯罪について、親権者であることを理由として、責任を免れることはない」としています（第14条）。

　なお、2017（平成29）年7月、刑法が改正され、性犯罪に関する規定が大きく変わり、①罪名が強姦罪から強制性交罪に、②従前、被害者は

女性に限られていたが、今後は性別を問わないことに、③親告罪から非親告罪に、④強制性交罪の法定刑は３年以上から５年以上になり、執行猶予が付かないことになりました。また、保護者の性的虐待を処罰する規定として、刑法第179条「監護者わいせつ及び監護者性交等」が新設されています。保護者による子どもに対する性的虐待は、性的虐待の意味も分からない小さな時期から長期にわたって行われる場合もあり、子どものその後の人生にまで深刻な影響を及ぼすからです。

　被害児童の保護を図るためには、周囲の大人が、早期に虐待を発見、関係機関に通報し、対応することが重要です。

Q47 子育てに悩む保護者への相談体制

子育てに悩む保護者への相談窓口について教えてください。

Answer

　虐待している保護者から、虐待しているがどうしたらよいか、という相談が児童相談所等に寄せられることは稀です。多くの保護者は虐待しているとは自覚していません。

　子育てをめぐって、「言うことを聞かない」、「発育が遅い」、「子どもがかわいいとは思えない」、「なつかない」などと、子どもに問題があるという立場で、児童相談所の育児相談や市区町村の児童家庭相談窓口に相談が寄せられることは珍しくありません。

　また、子どもの発育が不全であるとか、夜尿症があるなど、保健所や保健センターの相談窓口に相談が寄せられることもあります。

　虐待を早期に発見し、芽のうちに摘み取るには、虐待の相談に来る保護者を待っているのではなく、子育ての初期の段階で、育児について悩みを抱えている人々に、育児相談の窓口として、児童相談所や市区町村の児童家庭相談窓口が置かれていることを周知することが大切です。

　なお、児童虐待の発生を予防するため、妊娠期から子育て期までの切れ目のない支援を通じて、妊娠や子育ての不安、孤立化などに対応する子育て世代包括支援センター（法律上の名称：母子健康包括支援センター）が、2017（平成29）年4月1日から、市区町村によって、全国展開されることになりました（2016（平成28）年の母子保健法改正）。

第4章
虐待に気づいたら

虐待されている子どもが自ら逃れることは困難です。
子どもを守るには、周囲の人が、早めに虐待に気づくことが大切です。虐待かもしれないと思ったとき、具体的にどうしたらいいのか、どのような仕組みがあるのかをまとめました。

Q48 虐待された子どもを守る仕組み

虐待された子どもを守る仕組みについて、教えてください。

Answer

　子どもの福祉、権利を守る活動は、住民に身近な市区町村と都道府県及び指定都市（中核市、特別区も設置できるようになりました。）に設置されている児童相談所が協力して担っています。

　2016（平成28）年児童福祉法等の改正で、以下のように市区町村と児童相談所の拡充が図られました（資料18）。

　市区町村は主に、「子育て世代包括支援センター（法律上の名称：母子健康包括支援センター）」を中心に妊娠期から子育て期にわたる総合的相談や支援を行うことと、児童及び妊産婦の福祉に関し、必要な支援を行うための「市区町村子ども家庭総合支援拠点（案）」を整備します。

　子育て世代包括支援センターは「乳幼児家庭全戸訪問事業」「1歳6か月・3歳児健診」等、妊娠期から子育て期にわたり、虐待の未然防止と早期発見を含めた総合相談や支援を行います。また地域では様々な地域の子育て支援に関する事業を行います。

　「市区町村子ども家庭総合支援拠点（案）」は
○子ども家庭支援全般に関する支援
　・実情の把握、情報の提供、相談への対応　他
○要支援児童及び要保護児童等への支援
　・危機判断とその対応、調査、支援計画の作成　等
○関係機関との連絡調整
　・要保護児童対策地域協議会*、児童相談所　等
○その他の必要な支援
　・措置解除後の児童等が安定して生活していくための支援　他
を行います。

これに対して、児童相談所は、児童福祉を専門とする行政機関です。虐待問題に限らず、18歳未満の子どもに関する相談であれば誰からでも受け付け、対応します。
　内容としては
○相談、養育環境等の調査、専門診断等（児童や家庭への援助方針の検討・決定）
○一時保護、措置（里親委託、施設入所、在宅指導等）
○市区町村援助
等を行います。
　児童相談所は、専門的な知識・技術を必要とする支援を行い、市区町村との連携のもとに児童家庭相談体制全体の充実を図ることになります。
　さらに、子どもを虐待から守るためには、民間団体も含めた各分野の専門機関が児童相談所や市区町村と連携し対応していくことが必要です。
　社会全体が虐待に関心を持ち、子どもを守ることは国民の義務という認識が広く一般化されることが虐待防止につながります。

＊要保護児童対策地域協議会（児童福祉法第25条の２）
　要保護児童の適切な保護を図るため、市区町村が設置に努めるべき団体。関係機関、関係団体及び児童の福祉に関連する職務に従事する者その他の関係者により構成されます。
　必要な情報の交換や、支援に関する協議を行います。なおメンバーには、罰則付きの守秘義務が課されています。

資料18　児童虐待に関する児童相談所と市区町村等との連携等について
～市町村における支援拠点のイメージ～

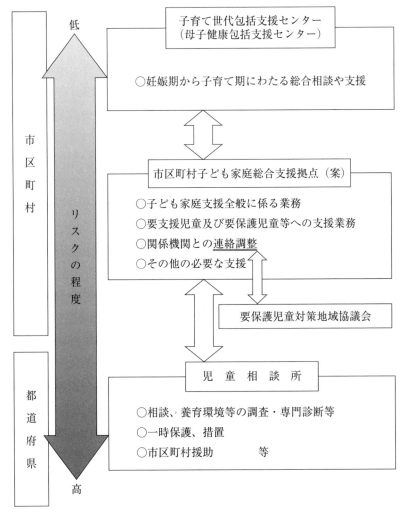

出典：「平成29年度全国児童福祉主管課長・児童相談所長会議資料」を元に加工

Q49 児童相談所

児童相談所について教えてください。

Answer

児童相談所は児童福祉法に基づき、都道府県及び指定都市(中核都市、特別区は任意)に設置が義務付けられている、児童福祉の専門行政機関です。そのため特別な権限も与えられています。

2017(平成29)年4月現在、全国に210か所あります。18歳未満の子どもに関して、家庭等からの相談のうち、より専門的なものに応じ、子どもの福祉と権利擁護を図ることを目的として援助活動を行います。

相談の内容は、養護相談(保護者の病気、離婚等による養育困難、放任・虐待等)、非行相談(反社会的な問題行動)、心身障害相談(知的障害、身体障害等)、育成相談(しつけ、性格行動上の問題等)などです。職員は、調査や指導などを行うソーシャルワーカーである児童福祉司、心理面接や心理検査、心理療法などを行う児童心理司、医師(精神科、小児科)など、その他に弁護士が配置されている場合もあります。また、併設の一時保護所には児童指導員や保育士、看護師(保健師)などが配置されています。

主な業務は、次の通りです。
①児童に関する家庭等からの相談のうち、専門的な知識・技術を必要とするものに応じること
②必要な調査、医学・心理学的診断、社会的診断、行動診断
③調査、診断に基づいて必要な指導を行うこと
④必要に応じて、児童の一時保護を行うこと
⑤施設入所や里親委託などの措置を行うこと
⑥市町村への援助、指導を行うこと

このほか親権者の親権喪失や親権停止の宣告請求、後見人選任及び解任の請求を家庭裁判所に対して行うことができます。

Q50 児童相談所の権限

児童相談所の虐待に関する権限について教えてください。

Answer

　児童相談所は児童の福祉、権利を守る専門行政機関として、一般の相談施設とは異なる、様々な権限を持っています。

　2012（平成24）年及び2017（平成29）年の民法、児童福祉法の改正もあり、児童相談所には、以下の権限が与えられ、虐待に対応しています。

①保護者から児童を引き離しての一時保護

②保護者が児童の安全確認を拒んだ場合の立入調査、出頭要求・再出頭要求、臨検・捜索*等の強制的権限

③児童を一時保護中又は施設入所中、保護者に対しての面会又は通信の制限及び接近禁止命令*

④施設入所や里親委託に保護者の同意が得られない場合、家庭裁判所への施設入所等の承認申立て

⑤親権喪失、親権停止及び管理権喪失、後見人選任及び解任の審判請求

* 臨検・捜索：「臨検」とは住居等に立ち入ることを言い、「捜索」とは住居その他の場所について人の発見を目的として探し出すこと言います。「臨検・捜索」は、地方裁判所や家庭裁判所の許可を得て強制的に行います。

* 接近禁止命令：保護者に対する、児童へのつきまとい、居所・学校等の周辺の徘徊を禁止する命令を言います。違反すると１年以下の懲役または100万円以下の罰金が科せられます。

Q51 虐待を予防、早期発見するための施策

虐待を予防、早期発見するための施策は、どのようなものですか？

Answer

　虐待された子どもを年齢別に見ると、毎年０歳から学齢前までの乳幼児が全体の半数近くを占めています。これは育児不安等、子育てに悩みを抱えている養育者が、相談する人もないまま、ストレスのはけ口を子どもに向けてしまうということが大きな要因の一つと考えられます。子育てには様々な不安が伴います。それを軽減するためには身近な人たちの支援が必要です。それが虐待を予防することと、早期に発見できることにつながります。

　国は、2016（平成28）年の母子保健法改正で、国及び地方公共団体は、母子保健施策について、「乳児及び幼児の虐待の予防及び早期発見に資するものであることに留意する」（第5条第2項）と明記しました。その具体的な施策の一つとして、「市町村は、母子健康包括支援センター（子育て世代包括支援センター）の設置に努める」（第22条）として、妊娠期から子育て期までの切れ目ない支援を行い、子どもの虐待問題に、幅広く取り組むべきことが、法律にも位置付けられました。

　また、「生後4か月までの全戸訪問事業」や、育児について悩みを抱えている養育者に養護相談を実施している児童相談所等の事業が挙げられ、これらを広く周知することも大切です。なお、フィンランドの支援事業「ネウボラ」など、外国での事例も参考になります。

Column

ネウボラ（neuvola）
～フィンランドの子育て支援～

　ネウボラは、2016（平成28）年にスタートした、わが国の「子育て世代包括支援センター」設置事業のモデルとなったフィンランドの子育て支援策です。

　在日フィンランド大使館のHPから、ご紹介しましょう。

　ネウボラ（neuvola）とは、フィンランド語で、アドバイス（neuvo）の場という意味で、妊娠期から就学前までの子どもの健やかな成長・発達の支援はもちろんのこと、母親、父親、きょうだいなど、家族全体の心身の健康サポートも目的としています。

　ネウボラは、どの自治体にもあります。フィンランドでは妊娠の予兆がある時点でまずネウボラへ健診に行きます。健診は無料。妊娠期間中は6～11回、出産後も子どもが小学校に入学するまで定期的に通い、保健師や助産師といったプロからアドバイスをもらいます。健診時には、母子の医療チェックのほか、個別に、出産や育児、家庭に関する様々なことを相談できます。1回当たり、30分から1時間かけて、丁寧に行います。最近では、親の精神的支援、父親の育児推進がネウボラの重要な役割になっています。また、子どもの虐待、夫婦間DVの予防的支援の役割も担っています。医療機関の窓口の役割もあり、出産・入院のための病院指定、医療機関や専門家も紹介してくれます。利用者のデータは50年間保存されるため、過去の履歴から、親支援に役立てたり、医療機関との連携に活用するなどし、効率的に子どもとその家族を支援します。

　このネウボラの日本版導入がいくつかの市町村で始まっています。

Q52 虐待が疑われる場合の相談先

虐待が疑われる場合、どこに相談したらいいですか？

Answer

　虐待が疑われる子どもを発見した場合の身近な相談先は、市区町村や地域の民生委員・児童委員などが挙げられます。また、その子どもが保育所や学校に通っていれば、そこに相談することもありえます。

　もちろん、児童相談所に直接相談してもかまいません。

　虐待の程度にもよりますが、緊急性が高い場合は、警察に直接通告する方法もあります。その他、最寄りの交番や、警察の少年係に話をすることもできます。

　学校、児童福祉施設、病院、その他児童の福祉に業務上関係のある団体や、そこで働く人は、虐待を発見しやすい立場にあることから、早期発見に努めることになっています。各機関では、虐待の疑いがあったときに組織的に対応し、素早く通告する体制をとれるようマニュアルを作っておくことが大切です。

Q53 相談機関の利用方法

虐待に関する相談機関の利用方法を教えてください。

Answer

　誰が、どこに相談するかにもよりますが、一般的に、相談先に電話をかけて、虐待と思われる事実を伝えることから始まります。

　相談を受けた先では、詳しく話を聞き、それに基づいて当面の方針をたてます。相談者は匿名でもかまいません。相談者の氏名や相談内容が他に漏れることはなく、秘密は守られます。

　こうした相談も、法律上は「通告」に該当しますが、通告する際には次のような事柄について話せるようにしておくとよいでしょう。

　子どもの状況（氏名、住所、学年等）、保護者の状況（氏名、職業、家族、住居の状況等）、虐待の状況（いつごろから、どこで、誰から、どんなふうに、どうされたか等）などです。

　すべての状況が分からなくてもかまいません。相談機関は分かっている状況だけでも把握することができれば、素早い対応がしやすくなります。

　なお、調査の結果、虐待ではなかったとしても、通告者の責任は問われません。

Q54 虐待されている子どもの避難場所

虐待されている子どもにとって安全な避難場所はありますか?

Answer

　虐待を受けている子どもを守るには、できるだけ早く子どもの身の安全を図らなければなりません。

　児童福祉の行政機関として、権限を持って子どもを保護することができるのは児童相談所です。児童相談所は、保護者の反対があっても、必要に応じて、子どもを保護することができます。通常は児童相談所に設置されている一時保護所に保護しますが、事情によっては児童養護施設や里親に児童相談所の責任で預けることもあります(一時保護委託)。

　子どもが保護されている所では保護者であるからといって勝手に子どもを連れ出すことはできません。また、勝手に連れ出されるおそれのある場合には、保護者に、子どもの居場所を教えない、面会や通信の制限や接近禁止命令をすることが可能です。場合によっては、警察など関係機関とも協力体制をとります。一時保護中は通学できないことが多く、勉強の遅れや学校の出席日数の不足が心配されますが、学習時間もあり、また出席の扱いについても学校と連携をとっています。なお、日常生活に必要な物はすべて用意されています。

　子どもを保護している間に、児童相談所は、子どもの傷ついた心身の回復を図り保護者の指導を行います。それと同時に虐待の状況、子どもや保護者の生活状況、子どもの心理検査や子ども自身の希望などを調査し、これからの生活の方向を検討します。元の生活に戻したら安全が図れないと判断される場合には、児童福祉施設や、里親に預けるなどの対応をします。保護者が同意しない場合には家庭裁判所の承認を得て行うこともあります(児童福祉法第28条)。

　このように、児童虐待に取り組む機関は子どもの身の安全を最優先に考えますし、法律も整備されてきています。

Q55 保護者から引き離さないと子どもを守れない場合の対応

保護者から引き離さないと子どもを守れない場合、どのように対応するのでしょうか？

Answer

虐待の結果、子どもが死亡してしまった事例が多数報告されています。そのようなことのないよう、次のとおり、子どもの安全を図る必要があります。

> ① 虐待通告を受けた市区町村又は福祉事務所長は、必要に応じ近隣の方や、学校の教職員、児童福祉施設の職員などの協力を得つつ、その子どもの安全を確認する必要があります。
> ② さらに、必要に応じ、専門機関である児童相談所に連絡します。
> ③ 児童相談所は、必要に応じ、一時保護します。
> ④ ③について保護者が拒否した場合、児童相談所は、保護者に対して児童を同伴して出頭することを求めることができます。
> ⑤ ④について拒否された場合には、児童相談所は立ち入り調査を行います。
> ⑥ さらに拒否された場合には、地方裁判所の許可状により、児童を捜索することなどができます。警察署に対し、援助要請ができます。
> ⑦ 一時保護後の施設入所にあたって、保護者の同意が得られない場合は、家庭裁判所の承認を求めることができます。
> ⑧ 一時保護の場合も施設入所の場合も、必要な場合、児童相談所は、保護者に対して、面会又は通信の制限、接近禁止命令をすることができます。

子どもを施設等に入所させればそれでよいというわけではなく、児童相談所は施設等と共に子どもと保護者の支援にあたります。

なお、児童福祉法では、次の場合、児童相談所長は親権の喪失、親権

の停止等の審判を家庭裁判所に請求することができます。

① 父又は母による虐待又は悪意の遺棄があり親権の行使が著しく困難又は不適当であり、このことで子の利益を著しく害するとき（親権喪失）
② 父又は母による親権の行使が困難又は不適当であり、このことで子の利益を害するとき（2年以内の期限を定めて親権停止）（資料19）

親権喪失や停止の審判を請求する際、未成年後見人の選任があるまでの間、児童相談所長が親権を行うことになっています（2011（平成23）年改正）。

資料19：児童相談所長が行った親権停止の審判の申立件数

	25年度	26年度	27年度	28年度
自治体数	16	15	16	21
事例数	23	23	29	28

出典：平成29年度全国児童福祉主管課長・児童相談所長会議資料

Q56 児童相談所の調査

児童相談所は、通告を受けてから、どのように調査するのですか？

Answer

　虐待の通告を受けた児童相談所は、緊急受理会議を開催して、所として当面の対応措置、方針を検討します。調査にあたっては、子どもの安否、健康状態、生活状況、保護者の状況、家族環境、地域の状況を把握しますが、調査は原則として複数の職員で実施します。

　保育園、学校などの関係機関や地域の児童委員など多方面の協力を得て情報収集しますが、個人のプライバシーの保護に十分配慮する必要があります。このため、関係機関に守秘義務が課せられている「要保護児童対策地域協議会」を活用します。

　最終的には、保護者及び子どもに面接し、子どもの安全確認を行います。その際、子どもからできるだけありのままの情報を得ることと、様々な人から繰り返し聞かれることによる子どもの2次被害をできるだけ回避することを目的として、福祉に関する機関、捜査機関等関係機関が協力し、代表者が1対1で原則として1回限り面接をする、という協同面接（被害事実確認面接）を行うこともあります。

　なお、通告を受理してから48時間以内に、子どもの安全を確認するという「時間ルール」が、2007（平成19）年から設定されました。さらに、同年の第2次法改正後は、保護者が拒否したため家庭内の状況を把握できない場合は、保護者に出頭を求め、原則として2度応じない場合は、地方裁判所等に臨検、捜索のための許可状を請求できます。調査途中でも緊急対応が必要であれば、警察の応援を受けて立入調査し、子どもを保護する場合もあります。

Q57 協同面接（被害事実確認面接）

協同面接（被害事実確認面接）とは何ですか？

Answer

　虐待を受けた子どもは、様々な人から繰り返し質問を受けることにより、さらに精神的被害、つまり2次被害を受けることになります。その2次被害をできるだけ避け、ありのままのことを話してもらうための方法です。

　具体的には児童福祉に関する機関、捜査機関等の関係者が構成する多機関連携チームが、一堂に会して別室で見守る中で、専門的な訓練を受けた面接者が1対1で、原則として1回限り面接をします。面接は子どもが安心して話をすることができる環境を整えた場所で行います。質問や、話したことなどはすべて録音・録画します。

　欧米では裁判の証拠として活用するため「司法面接」として行われています。日本では厚生労働省、法務省、警察庁が協議し、それを受けて厚生労働省が「子どもの心理的負担等に配慮した面接の取組に向けた警察・検察との更なる連携強化について」(2015（平成27）年10月28日付通知）を出しています。通知によると、刑事事件として立件が想定される重篤な虐待事例など、子どもの特性を踏まえた面接・聴取方法等について、3機関で協議することが必要と判断した事例について協同面接を含めた取り組みを試行的に行うよう求めています。

　現場では必ずしも司法の場で証拠採用されるわけではないので、「被害事実確認面接」と呼び、性的虐待を中心に全国で行われるようになりました。

第4章

Q58 一時保護

一時保護はどのように行われますか？

Answer

　一時保護の主な目的は、虐待されている子どもを保護者から引き離して、生命、身体の安全を確保することです。通常、子どもや保護者の同意を得て行います。著しい身体的虐待や、子どもが劣悪な環境下に置かれている状況があれば、直ちに一時保護する必要があるので、同意が得られない場合でも、必要に応じて児童相談所の権限で保護することができます。

　保護の期間は、2か月を超えてはならないとされていますが、必要な場合は延長できます。しかし、2か月を超える保護者の意に反する一時保護については、その継続の是非について、家庭裁判所の承認を得なければなりません（2017（平成29）年児童福祉法改正）。

　一時保護する場合、児童相談所の一時保護所を利用することが原則ですが、児童相談所は子どもを医療機関、児童福祉施設、里親等に一時保護委託することができます。保護者がこの一時保護に不服がある場合、知事に対して不服申立てをすることができます。

Q59 施設入所について教えてください。

Answer

　児童相談所は、一時保護期間中に、今後子どもをどのように支援していくのか方針を決めますが、その一つに施設入所があります。

　子どもを保護者の元に置くことが、子どもの福祉を損なうと判断された場合、乳児院、児童養護施設、児童自立支援施設等に入所させることができます。しかし、入所させる場合には、原則として保護者の同意が必要です。同意が得られない場合は、家庭裁判所の承認を得て施設入所の措置をとることができます。家庭裁判所の承認を得て行う措置の期間は、2年を超えてはならないとされています。

　2年を経ても、措置を継続しなければ保護者が児童を虐待し、児童の福祉を著しく害するおそれがある場合には、家庭裁判所の承認を得て、その期間を更新できます。

Q60 里親委託

里親委託について、教えてください。

Answer

　児童相談所は、一時保護期間中に、今後子どもをどのように支援していくのか方針を決めます。その一つに里親への委託があります。

　里親制度とは、病気や経済的な理由などで親元で暮らせない子どもを、家庭的な環境の下で、健やかな成長に向けて、都道府県に登録した里親が一定期間預かる制度です。虐待された子どもだけの制度ではありませんが、虐待された子どもが心身ともに安全な環境で養育されるためにも有意義な制度と言えます。

　児童相談所は、保護者の同意を得た上で、同意が得られない場合は家庭裁判所の承認を得た上で、子どもを里親に引き合わせ、その関係が良好であれば委託します。

　従来の里親制度に加えて2002（平成14）年度からは、児童虐待などにより、心身に大きな影響を受けたため養育が難しい子どもについては、新たに専門里親制度が設けられました。さらに、2009（平成21）年度に、「小規模住居型児童養育事業（ファミリーホーム）」が創設されました。里親の経験がある事業者が自宅をファミリーホームとして使用し、家庭的な環境の中で子どもを養育する制度です。里親が養育できる子どもは4人以下ですが、ファミリーホームは5人以上養育できます。

　なお、里親になることを希望する人は、児童相談所経由で知事に申請し、その人が認定基準に該当しているかなどが調査され、里親として登録されます。子どもを受託した里親には、養育に必要な一定の経費が支払われます。

Q61 家庭裁判所の手続きについて教えてください。

Answer

　児童相談所は、保護者の同意がない限り、子どもを施設入所あるいは里親委託することはできません。保護者の同意がない場合は家庭裁判所の承認を得ることが必要になります。

　2017（平成29）年の法改正では、家庭裁判所は承認の申立てがあった場合、児童相談所に対し保護者指導を勧告することができます。児童相談所は勧告を受けて保護者に家庭環境改善などを指導し、その結果を家庭裁判所に報告します。その報告に基づいて家庭裁判所は、申立ての承認、あるいは却下を審判します。

　申立てが承認されれば、児童相談所は子どもを施設入所あるいは里親委託ができます。申立てが却下された場合、在宅で生活することになります。在宅での生活に支援が必要と考えられれば、児童相談所は継続して在宅指導を行いますが、家庭裁判所は承認した場合と同様に、児童相談所に対して保護者指導を勧告できることになりました。

Q62 虐待しそうだと訴える人への対応

虐待しそうだと訴える保護者にはどう対応したらいいですか？

Answer

　虐待についての相談としてではなく、育児の悩み、子どもの非行、発達の遅れなどの話の中に虐待が潜んでいる場合があります。

　よく聴くと、虐待しそうだとの訴えが聞こえる場合があります。訴えにていねいに耳を傾け、細かく詮索せずに、共に問題を考える姿勢で対応する必要があります。その際には、子どもの現在の状態を把握するように努めます。

　虐待している保護者は、地域や親族との交流がなく孤立しており、他人に心を開かず、アドバイスを素直に受け入れられない状態が多く見られます。相談に耳を傾けるのは、こうした保護者の心を開くことにつながります。

　虐待問題は、幅広い関係者の目に触れているのに、見過ごされがちです。そのため、虐待の兆候、内容をより多くの人が知ることが大切です。

Q63 虐待について打ち明けられた際の対応

虐待について打ち明けられたとき、どう対応すればいいですか?

Answer

「子どもをうまく愛せない」、「子どもを激しく叩いてしまう」、「子どもをののしってしまう」などと、虐待する保護者がそのことを他人に打ち明けることはとても勇気のいることです。打ち明けられた場合、常識や自分の価値基準を押し付けることなく、虐待する保護者の気持ちを受け止め、十分に時間をかけてよく話を聴くようにします。話を聴いてくれる人がいると分かるだけで、安心して抑えていた感情を表に出すことができる場合もあります。虐待をしてしまう保護者たちは批判や、決めつけの言葉を聞くと心を閉ざし、相談することをやめてしまうこともあります。すでに、何度となく周りの人から諭されたり、批判されるなどして、自分自身を責めたり、悩んだり、傷ついてきていることがあるからです。

批判せずに悩みや訴えを聴いた上で、専門相談機関に相談するようにアドバイスをしてください。虐待してしまう保護者は、様々な問題を抱え、心身ともに支援の必要な状態に置かれていることが多いのです。問題が深刻な場合は、是非専門相談機関に相談してください。

子どもだけではなく、保護者も支援していくことが必要です。

Q64 虐待を発見したときの対応

支援したいと思っても重たい課題で、自分だけでは何をすればいいのか分かりません。どうすればいいのでしょうか？

Answer

　虐待は、子どもの人権を著しく侵害し、子どもの心身の成長や人格の形成に重大な影響を与えます。また、次の世代に引き継がれるおそれもあり、早期発見、早期対応（子どもの自立支援）までの適切な対応が求められています。

　虐待を受けている子どもだけでなく、虐待を受けていると思われる子どもを発見した場合は、速やかに市区町村、福祉事務所、児童相談所に通告しなければなりません。

　通告を受けた児童相談所は必要に応じて一時保護を行ったり、施設に入所させるなど親子の状況に応じた支援を行います。

　関係する社会資源も多岐にわたります。一人で抱え込む必要はありません。個人の力だけで対応するのではなく、専門相談機関のアドバイスを受けてください。

Q65 虐待されている子どもへのアドバイスの方法

虐待されている子どもにどんなアドバイスをしたらいいですか？

Answer

　虐待されている子どもは、目に見える傷だけではなく、心に大きな傷を負っています。恐怖や不安を感じながら、感情や欲求を素直に表現できずに、自分の心の内に閉じ込めて耐えています。

　また、人への信頼感が持てないため、虐待を受けていることを誰かに伝えるということができません。つらい思いをする理由としては「自分が悪いから叱られるのだ」と思っていることもあります。

　虐待を受けている子ども自身が周りに助けを求めることは稀です。周囲の大人は、いつもの様子と違って何かが変だと感じたら、虐待があるかもしれないと疑ってください。

　虐待を受けている子ども、あるいは虐待を受けていると思われる子どもに出会ったら、声をかけて子どもの話をしっかりと聴いてあげてください。子どもには「あなたが悪いのではない、我慢しなくていいよ」と伝えること、そして信頼できる人がいることを子どもに気づかせることが大切です。

Q66 虐待が疑われる子どもが診察に訪れた場合の医療関係者の対応

虐待が疑われる子どもが診察に訪れた場合、医療関係者は何に配慮したらいいですか？

Answer

　子どもの虐待が心身の成長や人格形成に大きな影響を及ぼし、また、次の世代に引き継がれるおそれがあることから、予防や早期発見は非常に大切です。虐待を発見しやすい立場にある医療関係者等は虐待の早期発見に努めなければならない、と児童虐待防止法により規定されています。

　2017（平成29）年の法改正で従来の医師の他に、歯科医師、保健師、助産師、看護師が医療関係者の例示として追加されました。

　虐待の明確な証拠がなくても、体のあざなどにより「虐待を受けたと思われる児童」を発見した場合にも通告義務があります。

　受診する診療科は小児科を中心に多岐にわたります。常に児童虐待の可能性に留意し、子どもの声なき叫びを敏感に受け止めることが、子どもを虐待から救います。

早期発見に役立つチェックポイント
①医師に見せたがらない
　・症状があってから来院までの時間が長い
②原因の説明があいまいでつじつまが合わない
　・話がコロコロと変わる
　・原因と症状が合わない
③親の様子がおかしい
　・自分中心で、子どもへの不安を持っていない
　・態度が反抗的で被害妄想的
④子どもが親になつかない
　・無口でびくびくしている

出典：東京都福祉保健局「医療機関のための子育て支援ハンドブック」2006（平成18）年

Q67 虐待とDVとの関係

子どもへの虐待とDV(配偶者等からの暴力)は関係がありますか？

Answer

　2004(平成16)年の第一次法改正により、DVの目撃そのものが、子どもへの心理的虐待にあたると明記されました。

　児童に直接著しい心理的外傷を与える言動を行うことだけでなく、子どもが同居する家庭における配偶者に対する暴力（その多くは、父親の母親への暴力）を見聞きすることも心理的虐待の中に位置付けられています。

　DVは子どもの成長に重大な影響を及ぼします。直接子どもに暴力が振るわれなくとも暴力がある家庭で生活をする、しかも暴力の加害者、被害者が自分の父親や母親であるということは、子どもにとって大変つらいものです。このような家庭は子どもにとって決して居心地のよい場所ではありません。自分の精神の安定を脅かす恐ろしい場所であり、両親は安心して気持ちを寄せられる人ではなくなります。常に、いつ起こるか分からない暴力沙汰に脅え、不安な日々を過ごしているのです。

Q68 DVのある家庭への対応

母親だけではなく、子どもにも暴力が振るわれているDV（配偶者等からの暴力）のある家庭の場合、どうしたらいいですか？

Answer

　暴力を振るわれている母親は、自分のことに精一杯で、子どもへの暴力のことまで気を配る余裕がありません。

　子どもと母親の置かれている状況により対応は異なりますが、ここではDV被害者としての母親への支援を軸に子どもを守る方法を考えてみます。

　DVに関する相談には、今差し迫って命の危険がある場合は警察が、そうでない場合は、配偶者暴力相談支援センターなどの相談機関があります。配偶者暴力相談支援センターは、配偶者からの暴力の防止及び被害者の保護に関する法律（略称：DV防止法）に基づき、配偶者からの暴力の防止及び被害者の保護のため、相談、一時保護、カウンセリング、情報提供などを行っており、各都道府県及びいくつかの市区に設置されています。このほか、市区町村の相談窓口（福祉事務所の婦人相談員や母子自立支援員、男女共同参画センター等）や、民間シェルターがあります。

　DV被害者は大人ですから、子どもの虐待の場合と異なり、強制的に保護することはありません。まず、自分自身の気持ちを整理することが、DVに立ち向かう第一歩になります。

　子どもの年齢や性別にもよりますが、母子一緒に一時保護できる場合や、とりあえず、母子を分離して保護する場合があります。母と子の一時保護後の生活まで見据えた対策があります。

　こうした情報をDV被害者に届けるのが大切です。

Q69 DV被害者である母親から虐待されている子どもの救助方法

DV被害者である母親から子どもが虐待されているとき、子どもをどのように助けたらいいですか？

Answer

　虐待されている子どもを助けるには、その子だけでなく母親の身の安全を図ることも大切です。

　DV被害者である母親が子どもを虐待している場合、母親も非常に不安定になっています。自分の受けている暴力による極度のストレス等の結果として、子どもに対するネグレクトや暴行、暴言も見受けられます。

　このような状況の場合は、虐待されている子どもの援助と同時に母親への援助が欠かせません。母親の抱えている様々な問題を整理し、支援していくことが大切です。速やかに市区町村や児童相談所に相談し、母親と子どもの双方を、配偶者暴力相談支援センターと児童相談所が連携して援助していけるよう働きかけてください。

　子育てを支援するような施設、例えば、保育園、児童養護施設や母子生活支援施設などの中で、「育児不安」を理由にして子どもを預かるショートステイや時間単位で預かる一時保育などの制度もあります。

　虐待がひどく、長引くような場合には、子どもを母親から引き離し、子どもを別に保護する方法もあります。

Q70 他の家族からも暴力を受けている子どもへの対応

親からだけでなく、他の家族からも暴力を受けている場合、どうしたらいいですか？

Answer

　2015（平成27）年度に児童相談所で対応した虐待相談のうち、主たる虐待者は、51％が実母、次いで36％が実父となっていますが、他に同居する家族がいて、祖父母、母親の交際相手、虐待されている子どもの兄や姉など、他の家族から虐待を受けていることもあります。そして、暴力を振るう親を諭したり、諫めたりするのではなく、しつけ等と称して時には、他の家族も同調し暴力を振るうことがあります。

　親からだけではなく、他の家族からも暴力を受けている場合、虐待されている子どもは、まわりの家族に救いを求めることもできずに孤立してしまいます。

　暴力に脅え、自尊感情を持てずに傷ついています。

　このような場合、家族の者が虐待を自覚したり、暴力を止めさせたりすることは期待できません。虐待が疑われたら、他の家族がいるから大丈夫だろう、他の家族がいるから口出しはできないなどと思わずに、一刻も早く専門相談機関に相談してください。

Q71 虐待されている子どもが外国籍の場合の留意点

虐待されている子どもが外国籍の場合の留意点は何ですか？

Answer

　虐待されていると思われる子どもが外国籍の場合でも、国籍にかかわらず相談機関に相談してください。児童福祉法、児童虐待防止法などの法律は、国籍を問わず適用されるので、外国籍かどうかを問題にする必要はありません。

　しかし、言葉の問題や、子育ての習慣や価値観の違いなど、通常の相談とは別の問題が起こることがあります。相談機関の側では、保護者が日本語での意思疎通が不十分な場合には、相談を進めるにあたって、分かりやすい日本語を使う、ゆっくり話す、分かっているかどうか確認する、通訳をつける、などの工夫が必要になります。

　なお、一時保護や施設入所が必要となった場合には、子どもが外国籍ならば国籍がどこかを可能な限り確認する必要が出てきます。一時保護後の支援策を考える時に、国籍についても知っておく必要があるからです。

Q72 虐待によるケガと思われる子どもを発見した場合の対応

虐待によりケガをしたと思われる子どもを発見した場合、どうしたらいいですか？

Answer

　子どもがケガをしているのを見つけた場合、通常は保護者に連絡をするはずです。しかし、日頃の状況から、虐待が疑われる場合には、保護者に知らせることが適切とは言えません。保護者によっては、子どもを虐待していると疑われたら、その後、子どもを人目に触れないようにしたり、治療を受けさせない可能性もあるからです。

　このような場合は、直ちに児童相談所か、市区町村に通告しましょう。

Q73 援助者が心身の健康を保つために気をつけること

援助者が心身の健康を保つために気をつけることは何ですか？

Answer

　虐待は重い課題なので、相談機関で相談を受けている人自身の健康へも影響を与えます。援助者自身が安定した心身の状態を保てないと、いい援助ができません。援助者への影響として、ストレスによるバーンアウトの問題があります。

　虐待の相談では、子どもの安全確保とともに、保護者との間に相談援助関係を作っていくことも必要です。しかし現実には、保護者からの暴言や暴行など、強い拒否や抵抗にあう場合が多く、懸命な努力にもかかわらず、思うような支援や効果が得られないこともあります。そのような状況の中で、自尊心を傷つけられ、無力感を感じ、援助の意欲を失うことがあります。これを「バーンアウト、燃え尽き」といいます。

　問題を何とかしたいという援助者の気持ちが、厳しい現実の狭間で過大なストレスとなってしまう結果として陥りやすい症状です。

　援助者は、自分の心身の健康状態に留意し、見通しを持って支援することが大切です。組織的には、援助者を孤立させないような体制づくりやスーパーバイザー（援助者のための援助者）の設置等を、個人的な対応としては仕事の先輩に話を聞いてもらうなどにより、援助者自身のケアに気をつけることが大切です。

Q74 虐待の相談を受けるときの留意点

虐待の相談を受けるときの留意点は何ですか？

Answer

　虐待されている子ども自身からの相談や、虐待している保護者から、あるいは近隣の住民など保護者からの相談が考えられます。

　子ども自身からの相談の場合は、子どもの話をよく聴いてください。否定せず、子どもが安心して話ができると思えるような対応を心がけてください。子どもの話の中から置かれた状況を把握し、力になれる専門の相談機関があることを伝えましょう。

　虐待している保護者の場合も、十分に時間をかけてよく話を聴くようにしてください。保護者の気持ちを受け止め、一緒に考えるという姿勢で対応をしましょう。話の中から子どもの状況も把握しながら、専門相談機関に相談するよう努めてください。

　保護者以外の人たちからの相談の場合には、相談者と保護者との関係に気を配ることも必要になります。児童相談所などの専門の相談機関があることを伝えていく必要があります。

　いずれの場合でも、虐待の可能性がある相談については、早期発見、早期対応がとても大事なことですから、市区町村の窓口や児童相談所など専門相談機関につなげる努力をしてください。

Q75 虐待されている子どもに二次被害を与えないために

虐待されている子どもに二次被害を与えないためには、何に気をつけたらいいでしょうか？

Answer

　二次被害とは、まわりの人の配慮に欠けた言動により、虐待されている子どもにさらに精神的被害を与えることを指しています。例えば、「…しなさい」、「…するべきです」などの言葉は、虐待されている子どもの意思を尊重せずに援助者個人の価値観の押し付けや、指示に従わない子どもを「悪い」と責めることにつながります。

　しつけと称して暴力を振るわれている子どもに、「あなたにも悪いところがあったのではないか」、「親の言うことを聞かなかったのではないか」とか、性的虐待を受けた子どもに、「あなたにスキがあったのではないか」と言うことは、その言葉により、さらに子どもを傷つけることになります。

　虐待されている子どもは、自分が悪いと思い込まされていたり、相談しても聞き入れてもらえなかった経験が多いため、援助者の言動には、非常に敏感で傷つきやすくもなっています。

　また、繰り返し様々な人から質問を受けることが精神的被害、つまり二次被害を受けることになるので、支援機関での事情聴取の場合、関係者が協同で面接をする方法も取られるようになりました。

　子どもの話によく耳を傾け、子どもの気持ちを汲み取ることが大切です。

第5章
児童虐待に関わる法律の改正

　人は、誰でも人権を保障されています。子どもにも子どもとしての権利があります。2011（平成23）年の民法改正で、親権は子どもの利益のために行使することと、子どもの権利を保障するよう改められ、さらに、今回の児童福祉法の改正で、「子どもの権利」が明記され、子どもに関わるすべての法令において尊重されることになりました。

Q76 平成28・29年の児童福祉法等の改正のポイント

平成28年・29年の児童福祉法等の改正のポイントについて教えてください。

Answer

　2016（平成28）年の改正では、児童福祉法が制定されて以来見直されてこなかった理念規定を改正し、子どもの権利を明記するとともに、国、都道府県、市区町村の役割と責任を明確化し、児童虐待の防止を図る体制が整備されることになりました。

　改正の主な内容は、

　第一に、児童の権利条約の精神にのっとり、養育や生活、成長・発達、自立を保障された権利を持ち、行使する「権利の主体」としての子ども、「子どもの意見の尊重」、「子どもの最善の利益の優先」が明記されました（児童福祉法第1条、第2条第1項）。

　第二に、妊娠期から自立に至るまで切れ目のない支援を行う「母子健康包括支援センター（子育て世代包括支援センター）」を設置し、すべての子育て家庭を対象に支援を行う中で、虐待の防止、発見等を図ることになりました（母子保健法第22条）。

　第三に、子どもは家庭で継続的に養育されるよう支援すること、家庭において養育が困難、又は適切でない場合「家庭と同様な養育環境」*において継続的に養育されるよう必要な措置を図ることが明記されました（児童福祉法第3条の2）。

＊家庭と同様な養育環境：養子縁組による家庭、里親家庭、ファミリーホーム等

　第四に、国、都道府県、市町村の果たす役割について、それぞれの役割が明確化されました（児童福祉法第3条の3）。

○国は養育体制の確保に関する施策・助言・情報提供など

○都道府県（児童相談所）は広域的対応・一時保護、施設入所等専門的支援など

〇市町村は子どもの身近な場所における継続的支援を行うための支援拠点の整備など

　第五に、しつけを名目とした児童虐待の禁止が明記されました（児童福祉法第14条）。

2017（平成29）年の改正の主な内容は、
　第一に、虐待を受けている子ども等の保護者に対する司法関与が定められました。
(1)施設入所・里親委託の措置に関する承認の申立てにおける家庭裁判所の児童相談所に対する保護者指導の勧告（児童福祉法第28条第4項）
(2)一時保護の延長の承認の申立てにおける家庭裁判所の審査（児童福祉法第33条第5項）
　第二に、接近禁止命令の範囲が拡大されました（児童福祉法第12条の4第1項）。

Column

子どもの権利条約

　児童の権利に関する条約は、基本的人権を子どもにも保障するため、1989（平成元）年、第44回国連総会で採択された条約です。日本は、1994（平成6）年に批准し、国内法の整備が求められていました。2016（平成28）年の児童福祉法の改正において、その第1条に「児童の権利条約の精神にのっとり」と子どもの権利が明記されました。

　この条約は、子どもは権利の主体であり、その権利を自ら行使できるものと認め、基本的人権を、すべての子どもに保障するために必要な様々な権利を総合的に定めています。

①この条約では、18歳未満を子どもと定義している（第1条）
②すべての子どもは、保護者の人種、皮膚の色、性、言語、宗教、意見、財産、障害などにより、差別されない（第2条）
③子どもに関する措置をとるにあたっては子どもの最善の利益を考慮する（第3条）
④国は子どもの福祉に必要な保護及び養護の責任がある（第4条）
⑤子どもの発達にとって家庭環境の果たす固有の役割を認め、国は、親の指導を尊重する（第5条）

子どもの権利の４つの柱

生きる権利
子どもたちは健康に生まれ、安全な水や十分な栄養を得て、健やかに成長する権利を持っています。

守られる権利
子どもたちは、あらゆる種類の差別や虐待、搾取から守られなければなりません。紛争下の子ども、障害を持つ子ども、少数民族の子どもなどは特別に守られる権利を持っています。

育つ権利
子どもたちは教育を受ける権利を持っています。また、休んだり遊んだりすること、様々な情報を得、自分の考えや信じることが守られることも、自分らしく成長するためにとても重要です。

参加する権利
子どもたちは、自分に関係のある事柄について自由に意見を表したり、集まってグループを作ったり、活動することができます。そのときには、家族や地域社会の一員としてルールを守って行動する義務があります。

出典：ユニセフHPを加工

Q77 民法等の改正の背景

なぜ、民法等の改正が行われたのですか？

Answer

　2011（平成23）年6月、民法の親権に関する部分と、これに関係する民法、児童福祉法の一部等を改正する法律が公布されました。

　親権の改正は、虐待防止にとって大きな課題でした。民法に定められた親権とは、未成年の子どもが健やかに成長し、大人として自立できるようになるため、親等に認められた権利であり、義務です。親権には、子どもの世話や教育を行う監護教育権、居所指定権、懲戒権、財産管理権などがあります。虐待する親は、親権を盾に子どもを自分の所有物として意のままに扱ったり、懲戒権の行使などと主張し、子どもに暴力を振るったりします。また、虐待する親から子どもを引き離し、子どもを施設等に保護した場合でも、親から、子どもの引き取り要求や、子どもへの不当な干渉、施設への嫌がらせなど、子どもの成長を妨げるような事態も起こっています。

　改正前は、虐待する親に対応する方法としては、親権を剥奪する親権喪失制度がありましたが、全面的に親権を失わせるという結果を引き起こすことから、実際にはほとんど活用されていませんでした。

　このような問題を解決し、虐待する親から子どもを守るためには、より現状に即した親権制限の制度が求められており、今回の改正となりました。

Q78 親権

親権とは、どんなものですか？

Answer

　民法では、親と子の関係について、親権という規定を設けています。

　民法第818条では、「成年に達しない子は、父母の親権に服する」と定め、婚姻中は父母が親権者となることとし、親権の内容として、監護教育権（第820条）、居所指定権（第821条）、懲戒権（第822条）、職業許可権（第823条）、財産管理権及び代表権（第824条）が挙げられています。

　監護教育権とは、子どもの身の回りの世話や教育のことですが、居所指定権や、懲戒権、職業許可権等は、そのために必要な親の権利と考えられており、親権は、子どもの監護教育権と財産管理権に分けることが一般的です。

　親権の主な内容である監護教育権については、親権者の権利であり、義務を負うとされています。子どもを自立した大人に育てることは、親の権利であるとともに、子どもに対する責任でもありますが、伝統的な家族制度の影響もあり、親権の権利部分のみ主張し、子どもは親に従うべきものと考え、子育てをする親は少なくありません。懲戒権があることを根拠に、しつけと称して子どもへ暴力を振るう親は跡を絶たず、虐待の原因として問題とされてきました。

　今回の改正で、監護教育権の条文に「子の利益のために」が加えられ、親権は親のためではないことが明文化されました。また、懲戒権も、監護教育権に必要な範囲とされていることから、子どもの利益のためにならない懲戒権の行使は許されないこととなり、懲戒場の規定も削除されました。親権については社会の中で様々な意見があり、今回は、虐待への対応との関連のみの改正となりました。

Q79 民法改正の内容

民法では、どのような改正が行われたのですか？

Answer

　主な改正点は、次のとおりです。

　第一に、親権について、子どもの利益の視点が明確化されました。

　第820条（監護教育権）に、新たに、「子の利益のために」の文言が加えられ、監護教育は、子どもの利益のために行うことが明確になりました。これまで、我が国の伝統的家族社会の中では、親権は親の権利であるとの考えが強く、子育ては親の意向によって行われてきましたが、親は子どもの利益を第一に考えて親権を行使すべきであることが示されました。あわせて、第822条（懲戒）についても、第820条の規定による監護教育に必要な範囲に制限されました。しつけと称する暴力などは子どもの利益の視点から許されません。また、懲戒のために子どもを入れる懲戒場の規定は廃止されました。

　第二に、新たに親権を制限する制度として、第834条の2（親権停止制度）が創設されました。父又は母による親権の行使が困難又は不適当で、子どもの利益を害するときには、あらかじめ期限を定めて、親権が制限できることとなりました。

　第三に、第834条（親権喪失の審判）についてその原因が見直され、従前は「親権乱用」、「親の著しい不行跡」としていたものが、「父又は母による虐待又は悪意の遺棄があるときその他父又は母による親権の行使が著しく困難又は不適当であることにより子の利益を著しく害するとき」と改正されました。親権停止、親権喪失等の審判は、家庭裁判所で行われます。審判の請求は、子どもの親族、検察官、児童相談所のほか、新たに、子ども本人、未成年後見人、未成年後見監督人も可能になりました。

Q80 親権停止制度の創設

新たに創設された「親権停止」とはどんな制度ですか？

Answer

　2年以内の期間を定めて、その間、一時的に親権を停止する制度です。これまでは、親権を制限する制度は「親権喪失」しかありませんでした。しかし、「親権喪失」は親権そのものを親から奪うことになり、親や子に対して大きな影響を及ぼすこと、また、どのような場合に「親権喪失」を請求するかなど、難しい問題があります。そのため、あまり活用されていませんでした。

　「親権停止」は、親権者はそのままにして、一定期間、親権を行使できないようにする制度です。請求できるのは「父又は母による親権の行使が困難又は不適当であることにより子の利益を害するとき」（民法第834条の2）です。なお、「親権喪失」に該当する場合であっても、2年以内に原因が消滅する見込みがあれば、「親権停止」で対応します。

　停止期間は、その原因が消滅するまでに必要と見込まれる期間や、子どもの状況などを考慮して決められます。審判で決められた停止期間内であっても、その間に停止の原因が消滅すれば、親や親族の請求により、停止を取り消すことができます。また、2年経ってもその原因が消滅していない場合、さらに、「親権停止」や「親権喪失」の審判を請求できます。

　「親権停止」の審判は、家庭裁判所で行われます。請求できるのは、従来、子どもの親族、検察官、児童相談所長でしたが、子ども本人、未成年後見人、未成年後見監督人が、新たに加わりました。

　なお、親権停止中は原則として、親権者に代わって親権を行う未成年後見人が選定されます。

未成年後見制度の見直し

未成年後見制度はどのように変わったのですか？

Answer

　民法第838条（未成年後見人）は、親権者のいない未成年者などに対して、親権者と同一の権利義務をもって、後見（監護、財産管理）を行うもので、親権者の同意が必要な場合（職業許可、進学など）には選任が必要となります。

　従来、法人を未成年者後見人とはできず、人数も1人とされてきましたが、法改正（第840条）により、法人も選任でき、また、複数の未成年後見人の選任も可能になりました。複数の後見人の場合、共同して後見を行うことになります。今後は、例えば、おじ・おばなど2人で後見したり、弁護士を財産管理のために選任したり、子どもが入所中の施設長や、児童の権利擁護活動を行う法人なども選任できることになりました。

　未成年後見人は1人では負担が大きく、引き受ける人が少なかったのですが、2011（平成23）年の改正により、未成年後見人を確保しやすくなることが期待されています。ただし、選任に当たっては、後見される子の年齢、心身の状態、財産の状況や、後見人になる人の職業、経歴、子どもとの利害関係の有無（法人の場合は、その事業の種類及び内容、子どもとの利害関係など）、また、子どもの意見も考慮することなど、未成年後見人の要件について新たに定められました。

　さらに、未成年後見人（親族を除く）に対し、一定の要件に該当する場合、報酬や、損害保険料の補助を行う事業も整備されました。

　なお、未成年後見人の事務を監督する後見監督人は、必要があれば、家庭裁判所が選任します。

Q82 平成23年の児童福祉法の改正

民法と合わせて改正された児童福祉法は、どのように変わったのですか？

Answer

　従来、虐待された児童の一時保護や、施設入所、里親委託などの措置について、児童相談所長などに対し、親権者による子どもの引渡し要求や、子どもへの干渉、病気治療等の拒否などの状況が生じることも少なくありませんでした。児童福祉法では、入所中の児童について、施設長などは必要な措置がとれることとなっていましたが、親権者の意に反した措置をどこまでできるか明確ではなかったのです。

　2011（平成23）年の改正では、児童福祉法第33条の2で、一時保護中の子どもの監護について、児童相談所長に監護等の権限があることが明文化されました。また、親権者は、施設長、児童相談所長等の措置を不当に妨げてはならないとする規定が設けられ、児童相談所長、施設長等は、親権者の意向にかかわらず、子どもの利益のため、必要な措置がとれることとなりました。例えば緊急に手術などが必要だが親権者の同意が得られない場合についても、児童相談所長の判断で可能となりました。

　不当に妨げる行為とは、親権者による子ども、施設職員などに対する適切でない行為です。

　①態様、手段が適切でない場合（暴行、脅迫、子どもの連れ去り、騒音をたてる、施設・職員などの中傷ビラの配布）、②親権者の意向に沿った場合、子どもに不利益を与えると考えられる場合（子どもへの金銭の要求などの経済的損失を与える行為、子どもが必要とする携帯電話や住宅の賃貸契約などへの不同意など社会生活に支障を生じさせる行為、必要な医療を受けさせないなど健康への悪影響を及ぼす行為、授業を受けさせない、進路に同意しないなど教育上の支障を生じさせる行為）など

　また、一時保護中の児童に親権者・未成年後見人のいない場合、児童相談所長が親権を代行します。

資料編

資料編

1 児童虐待防止法と関係法令等の動き

西暦	和暦	国内の動き		国連の動き
		児童関係	その他	
1933	昭和8	・旧児童虐待防止法 （対象は、14歳未満）		
1947	22	・児童福祉法（対象は18歳未満） （主に、戦災孤児を対象とした）	・日本国憲法施行 ・新民法施行	
1951	26	・児童憲章	・社会福祉事業法	
1959	34			・「児童権利宣言」採択
1979	54			・国際児童年
1989	平成元			・「子どもの権利条約」採択
1994	6	・「子どもの権利条約」を批准し、国内法の整備が課題に ・全国の児童相談所で「子ども家庭110番電話相談」を整備		
1997	9	・児童福祉法の改正 （児童家庭支援センターの創設等） ・「児童虐待等に関する児童福祉法の適切な運用について」 （厚生省6月20日児発第434号）		
2000	12	・児童虐待防止法　成立・施行		
2001	13		・DV防止法　一部施行	
2002	14		・DV防止法　完全施行	
2004	16	・児童虐待防止法の一部改正 （こどもへの虐待が疑われた場合、通報が義務制に） （市区町村の役割強化） （心理的虐待の一つに、DV家庭の子どもが加わる）	・DV防止法の一部改正	

児童虐待防止法と関係法令等の動き

年				
2007	19	・児童虐待防止法の一部改正 （3年以内に親権制度の見直し） ・児童福祉法の一部改正 　児童相談所長の権限強化		
2011	23	・児童福祉法の一部改正 　児童相談所長の権限強化 　＝親権喪失、親権停止、管理権喪失の各審判の申立権を持つ	民法の親権規定改正 ・親権は、「子の利益のために行使される」点を明記 ・最長2年間の親権停止制度創設 ・「懲戒場」規定の削除 ・未成年後見人制度を見直し、自然人1人制から、複数後見人、法人後見制導入	
2013	25	・「子ども虐待対応の手引き」改正版作成		
2016	28	児童福祉法の改正 ・児童福祉の基本理念の明確化 ・国・都道府県・市町村の役割の明確化 ・児童相談所設置自治体の拡大（特別区を含む） ・18歳以上の未成年者に対する支援の継続 ・児童相談所から市町村への事案送付可能化	（厚労省＋警察庁通達） ・児童虐待への対応における警察をはじめとする関係機関との情報共有の徹底について 母子保健法の改正 ・市町村は、妊娠期から子育て期までの切れ目のない支援に向けた「母子健康包括支援センター」設置に努める。	
2017	29	児童福祉法の改正 ・親権者の意に反して2か月を超えて一時保護する場合は、家庭裁判所の承認が必要となった。 ・虐待している保護者に対する指導への家庭裁判所の関与明記 児童虐待防止法の改正 ・接近禁止命令を行える場合の拡大	刑法の改正 ・監護者わいせつ罪及び監護者性交等罪の新設	

資料編

資料編

2 児童虐待の防止等に関する法律

（平成12年5月24日法律第82号）
最近改正　平成29年6月21日法律第69号

（目的）
第1条　この法律は、児童虐待が児童の人権を著しく侵害し、その心身の成長及び人格の形成に重大な影響を与えるとともに、我が国における将来の世代の育成にも懸念を及ぼすことにかんがみ、児童に対する虐待の禁止、児童虐待の予防及び早期発見その他の児童虐待の防止に関する国及び地方公共団体の責務、児童虐待を受けた児童の保護及び自立の支援のための措置等を定めることにより、児童虐待の防止等に関する施策を促進し、もって児童の権利利益の擁護に資することを目的とする。

（児童虐待の定義）
第2条　この法律において、「児童虐待」とは、保護者（親権を行う者、未成年後見人その他の者で、児童を現に監護するものをいう。以下同じ。）がその監護する児童（18歳に満たない者をいう。以下同じ。）について行う次に掲げる行為をいう。
(1)　児童の身体に外傷が生じ、又は生じるおそれのある暴行を加えること。
(2)　児童にわいせつな行為をすること又は児童をしてわいせつな行為をさせること。
(3)　児童の心身の正常な発達を妨げるような著しい減食又は長時間の放置、保護者以外の同居人による前2号又は次号に掲げる行為と同様の行為の放置その他の保護者としての監護を著しく怠ること。
(4)　児童に対する著しい暴言又は著しく拒絶的な対応、児童が同居する家庭における配偶者に対する暴力（配偶者（婚姻の届出をしていないが、事実上婚姻関係と同様の事情にある者を含む。）の身体に対する不法な攻撃であって生命又は身体に危害を及ぼすもの及びこれに準ずる心身に有害な影響を及ぼす言動をいう。第16条において同じ。）その他の児童に著しい心理的外傷を与える言動を行うこと。

児童虐待の防止等に関する法律

（児童に対する虐待の禁止）
第３条　何人も、児童に対し、虐待をしてはならない。
（国及び地方公共団体の責務等）
第４条　国及び地方公共団体は、児童虐待の予防及び早期発見、迅速かつ適切な児童虐待を受けた児童の保護及び自立の支援（児童虐待を受けた後18歳となった者に対する自立の支援を含む。第３項及び次条第２項において同じ。）並びに児童虐待を行った保護者に対する親子の再統合の促進への配慮その他の児童虐待を受けた児童が家庭（家庭における養育環境と同様の養育環境及び良好な家庭的環境を含む。）で生活するために必要な配慮をした適切な指導及び支援を行うため、関係省庁相互間その他関係機関及び民間団体の間の連携の強化、民間団体の支援、医療の提供体制の整備その他児童虐待の防止等のために必要な体制の整備に努めなければならない。

2　国及び地方公共団体は、児童相談所等関係機関の職員及び学校の教職員、児童福祉施設の職員、医師、歯科医師、保健師、助産師、看護師、弁護士その他児童の福祉に職務上関係のある者が児童虐待を早期に発見し、その他児童虐待の防止に寄与することができるよう、研修等必要な措置を講ずるものとする。

3　国及び地方公共団体は、児童虐待を受けた児童の保護及び自立の支援を専門的知識に基づき適切に行うことができるよう、児童相談所等関係機関の職員、学校の教職員、児童福祉施設の職員その他児童虐待を受けた児童の保護及び自立の支援の職務に携わる者の人材の確保及び資質の向上を図るため、研修等必要な措置を講ずるものとする。

4　国及び地方公共団体は、児童虐待の防止に資するため、児童の人権、児童虐待が児童に及ぼす影響、児童虐待に係る通告義務等について必要な広報その他の啓発活動に努めなければならない。

5　国及び地方公共団体は、児童虐待を受けた児童がその心身に著しく重大な被害を受けた事例の分析を行うとともに、児童虐待の予防及び早期発見のための方策、児童虐待を受けた児童のケア並びに児童虐待を行った保護者の指導及び支援のあり方、学校の教職員及び児童福祉施設の職員が児童虐待の防止に果たすべき役割その他児童虐待の防止等のために必要な事項についての

資料編

調査研究及び検証を行うものとする。
6 児童の親権を行う者は、児童を心身ともに健やかに育成することについて第一義的責任を有するものであって、親権を行うに当たっては、できる限り児童の利益を尊重するよう努めなければならない。
7 何人も、児童の健全な成長のために、家庭(家庭における養育環境と同様の養育環境及び良好な家庭的環境を含む。)及び近隣社会の連帯が求められていることに留意しなければならない。

(児童虐待の早期発見等)
第5条 学校、児童福祉施設、病院その他児童の福祉に業務上関係のある団体及び学校の教職員、児童福祉施設の職員、医師、歯科医師、保健師、助産師、看護師、弁護士その他児童の福祉に職務上関係のある者は、児童虐待を発見しやすい立場にあることを自覚し、児童虐待の早期発見に努めなければならない。
2 前項に規定する者は、児童虐待の予防その他の児童虐待の防止並びに児童虐待を受けた児童の保護及び自立の支援に関する国及び地方公共団体の施策に協力するよう努めなければならない。
3 学校及び児童福祉施設は、児童及び保護者に対して、児童虐待の防止のための教育又は啓発に努めなければならない。

(児童虐待に係る通告)
第6条 児童虐待を受けたと思われる児童を発見した者は、速やかに、これを市町村、都道府県の設置する福祉事務所若しくは児童相談所又は児童委員を介して市町村、都道府県の設置する福祉事務所若しくは児童相談所に通告しなければならない。
2 前項の規定による通告は、児童福祉法(昭和22年法律第164号)第25条第1項の規定による通告とみなして、同法の規定を適用する。
3 刑法(明治40年法律第45号)の秘密漏示罪の規定その他の守秘義務に関する法律の規定は、第1項の規定による通告をする義務の遵守を妨げるものと解釈してはならない。
第7条 市町村、都道府県の設置する福祉事務所又は児童相談所が前条第1項の規定による通告を受けた場合においては、当該通告を受けた市町村、都道

児童虐待の防止等に関する法律

府県の設置する福祉事務所又は児童相談所の所長、所員その他の職員及び当該通告を仲介した児童委員は、その職務上知り得た事項であって当該通告をした者を特定させるものを漏らしてはならない。

（通告又は送致を受けた場合の措置）

第8条　市町村又は都道府県の設置する福祉事務所が第6条第1項の規定による通告を受けたときは、市町村又は福祉事務所の長は、必要に応じ近隣住民、学校の教職員、児童福祉施設の職員その他の者の協力を得つつ、当該児童との面会その他の当該児童の安全の確認を行うための措置を講ずるとともに、必要に応じ次に掲げる措置を採るものとする。

(1)　児童福祉法第25条の7第1項第1号若しくは第2項第1号又は第25条の8第1号の規定により当該児童を児童相談所に送致すること。

(2)　当該児童のうち次条第1項の規定による出頭の求め及び調査若しくは質問、第9条第1項の規定による立入り及び調査若しくは質問又は児童福祉法第33条第1項若しくは第2項の規定による一時保護の実施が適当であると認めるものを都道府県知事又は児童相談所長へ通知すること。

2　児童相談所が第6条第1項の規定による通告又は児童福祉法第25条の7第1項第1号若しくは第2項第1号若しくは第25条の8第1号の規定による送致を受けたときは、児童相談所長は、必要に応じ近隣住民、学校の教職員、児童福祉施設の職員その他の者の協力を得つつ、当該児童との面会その他の当該児童の安全の確認を行うための措置を講ずるとともに、必要に応じ次に掲げる措置を採るものとする。

(1)　児童福祉法第33条第1項の規定により当該児童の一時保護を行い、又は適当な者に委託して、当該一時保護を行わせること。

(2)　児童福祉法第26条第1項第3号の規定により当該児童のうち第6条第1項の規定による通告を受けたものを市町村に送致すること。

(3)　当該児童のうち児童福祉法第25条の8第3号に規定する保育の利用等（以下この号において「保育の利用等」という。）が適当であると認めるものをその保育の利用等に係る都道府県又は市町村の長へ報告し、又は通知すること。

(4)　当該児童のうち児童福祉法第6条の3第2項に規定する放課後児童健全

資料編

育成事業、同条第3項に規定する子育て短期支援事業、同条第5項に規定する養育支援訪問事業、同条第6項に規定する地域子育て支援拠点事業、同条第14項に規定する子育て援助活動支援事業、子ども・子育て支援法（平成24年法律第65号）第59条第1号に掲げる事業その他市町村が実施する児童の健全な育成に資する事業の実施が適当であると認めるものをその事業の実施に係る市町村の長へ通知すること。

3　前2項の児童の安全の確認を行うための措置、市町村若しくは児童相談所への送致又は一時保護を行う者は、速やかにこれを行うものとする。

（出頭要求等）

第8条の2　都道府県知事は、児童虐待が行われているおそれがあると認めるときは、当該児童の保護者に対し、当該児童を同伴して出頭することを求め、児童委員又は児童の福祉に関する事務に従事する職員をして、必要な調査又は質問をさせることができる。この場合においては、その身分を証明する証票を携帯させ、関係者の請求があったときは、これを提示させなければならない。

2　都道府県知事は、前項の規定により当該児童の保護者の出頭を求めようとするときは、厚生労働省令で定めるところにより、当該保護者に対し、出頭を求める理由となった事実の内容、出頭を求める日時及び場所、同伴すべき児童の氏名その他必要な事項を記載した書面により告知しなければならない。

3　都道府県知事は、第1項の保護者が同項の規定による出頭の求めに応じない場合は、次条第1項の規定による児童委員又は児童の福祉に関する事務に従事する職員の立入り及び調査又は質問その他の必要な措置を講ずるものとする。

（立入調査等）

第9条　都道府県知事は、児童虐待が行われているおそれがあると認めるときは、児童委員又は児童の福祉に関する事務に従事する職員をして、児童の住所又は居所に立ち入り、必要な調査又は質問をさせることができる。この場合においては、その身分を証明する証票を携帯させ、関係者の請求があったときは、これを提示させなければならない。

2　前項の規定による児童委員又は児童の福祉に関する事務に従事する職員の

児童虐待の防止等に関する法律

立入り及び調査又は質問は、児童福祉法第29条の規定による児童委員又は児童の福祉に関する事務に従事する職員の立入り及び調査又は質問とみなして、同法第61条の5の規定を適用する。

（再出頭要求等）

第9条の2　都道府県知事は、第8条の2第1項の保護者又は前条第1項の児童の保護者が正当な理由なく同項の規定による児童委員又は児童の福祉に関する事務に従事する職員の立入り又は調査を拒み、妨げ、又は忌避した場合において、児童虐待が行われているおそれがあると認めるときは、当該保護者に対し、当該児童を同伴して出頭することを求め、児童委員又は児童の福祉に関する事務に従事する職員をして、必要な調査又は質問をさせることができる。この場合においては、その身分を証明する証票を携帯させ、関係者の請求があったときは、これを提示させなければならない。

2　第8条の2第2項の規定は、前項の規定による出頭の求めについて準用する。

（臨検、捜索等）

第9条の3　都道府県知事は、第8条の2第1項の保護者又は第9条第1項の児童の保護者が正当な理由なく同項の規定による児童委員又は児童の福祉に関する事務に従事する職員の立入り又は調査を拒み、妨げ、又は忌避した場合において、児童虐待が行われている疑いがあるときは、当該児童の安全の確認を行い、又はその安全を確保するため、児童の福祉に関する事務に従事する職員をして、当該児童の住所又は居所の所在地を管轄する地方裁判所、家庭裁判所又は簡易裁判所の裁判官があらかじめ発する許可状により、当該児童の住所若しくは居所に臨検させ、又は当該児童を捜索させることができる。

2　都道府県知事は、前項の規定による臨検又は捜索をさせるときは、児童の福祉に関する事務に従事する職員をして、必要な調査又は質問をさせることができる。

3　都道府県知事は、第1項の許可状（以下「許可状」という。）を請求する場合においては、児童虐待が行われている疑いがあると認められる資料、臨検させようとする住所又は居所に当該児童が現在すると認められる資料及び

資料編

資料編

当該児童の保護者が第9条第1項の規定による立入り又は調査を拒み、妨げ、又は忌避したことを証する資料を提出しなければならない。

4　前項の請求があった場合においては、地方裁判所、家庭裁判所又は簡易裁判所の裁判官は、臨検すべき場所又は捜索すべき児童の氏名並びに有効期間、その期間経過後は執行に着手することができずこれを返還しなければならない旨、交付の年月日及び裁判所名を記載し、自己の記名押印した許可状を都道府県知事に交付しなければならない。

5　都道府県知事は、許可状を児童の福祉に関する事務に従事する職員に交付して、第1項の規定による臨検又は捜索をさせるものとする。

6　第1項の規定による臨検又は捜索に係る制度は、児童虐待が保護者がその監護する児童に対して行うものであるために他人から認知されること及び児童がその被害から自ら逃れることが困難である等の特別の事情から児童の生命又は身体に重大な危険を生じさせるおそれがあることにかんがみ特に設けられたものであることを十分に踏まえた上で、適切に運用されなければならない。

（臨検又は捜索の夜間執行の制限）

第9条の4　前条第1項の規定による臨検又は捜索は、許可状に夜間でもすることができる旨の記載がなければ、日没から日の出までの間には、してはならない。

2　日没前に開始した前条第1項の規定による臨検又は捜索は、必要があると認めるときは、日没後まで継続することができる。

（許可状の提示）

第9条の5　第9条の3第1項の規定による臨検又は捜索の許可状は、これらの処分を受ける者に提示しなければならない。

（身分の証明）

第9条の6　児童の福祉に関する事務に従事する職員は、第9条の3第1項の規定による臨検若しくは捜索又は同条第2項の規定による調査若しくは質問（以下「臨検等」という。）をするときは、その身分を示す証票を携帯し、関係者の請求があったときは、これを提示しなければならない。

（臨検又は捜索に際しての必要な処分）

第9条の7　児童の福祉に関する事務に従事する職員は、第9条の3第1項の規定による臨検又は捜索をするに当たって必要があるときは、錠をはずし、その他必要な処分をすることができる。

（臨検等をする間の出入りの禁止）

第9条の8　児童の福祉に関する事務に従事する職員は、臨検等をする間は、何人に対しても、許可を受けないでその場所に出入りすることを禁止することができる。

（責任者等の立会い）

第9条の9　児童の福祉に関する事務に従事する職員は、第9条の3第1項の規定による臨検又は捜索をするときは、当該児童の住所若しくは居所の所有者若しくは管理者（これらの者の代表者、代理人その他これらの者に代わるべき者を含む。）又は同居の親族で成年に達した者を立ち会わせなければならない。

2　前項の場合において、同項に規定する者を立ち会わせることができないときは、その隣人で成年に達した者又はその地の地方公共団体の職員を立ち会わせなければならない。

（警察署長に対する援助要請等）

第10条　児童相談所長は、第8条第2項の児童の安全の確認を行おうとする場合、又は同項第1号の一時保護を行おうとし、若しくは行わせようとする場合において、これらの職務の執行に際し必要があると認めるときは、当該児童の住所又は居所の所在地を管轄する警察署長に対し援助を求めることができる。都道府県知事が、第9条第1項の規定による立入り及び調査若しくは質問をさせ、又は臨検等をさせようとする場合についても、同様とする。

2　児童相談所長又は都道府県知事は、児童の安全の確認及び安全の確保に万全を期する観点から、必要に応じ迅速かつ適切に、前項の規定により警察署長に対し援助を求めなければならない。

3　警察署長は、第1項の規定による援助の求めを受けた場合において、児童の生命又は身体の安全を確認し、又は確保するため必要と認めるときは、速やかに、所属の警察官に、同項の職務の執行を援助するために必要な警察官職務執行法（昭和23年法律第136号）その他の法令の定めるところによる措

置を講じさせるよう努めなければならない。
　（調書）
第10条の２　児童の福祉に関する事務に従事する職員は、第９条の３第１項の規定による臨検又は捜索をしたときは、これらの処分をした年月日及びその結果を記載した調書を作成し、立会人に示し、当該立会人とともにこれに署名押印しなければならない。ただし、立会人が署名押印をせず、又は署名押印することができないときは、その旨を付記すれば足りる。
　（都道府県知事への報告）
第10条の３　児童の福祉に関する事務に従事する職員は、臨検等を終えたときは、その結果を都道府県知事に報告しなければならない。
　（行政手続法の適用除外）
第10条の４　臨検等に係る処分については、行政手続法（平成５年法律第88号）第３章の規定は、適用しない。
　（審査請求の制限）
第10条の５　臨検等に係る処分については、審査請求をすることができない。
　（行政事件訴訟の制限）
第10条の６　臨検等に係る処分については、行政事件訴訟法（昭和37年法律第139号）第37条の４の規定による差止めの訴えを提起することができない。
　（児童虐待を行った保護者に対する指導等）
第11条　児童虐待を行った保護者について児童福祉法第27条第１項第２号の規定により行われる指導は、親子の再統合への配慮その他の児童虐待を受けた児童が家庭（家庭における養育環境と同様の養育環境及び良好な家庭的環境を含む。）で生活するために必要な配慮の下に適切に行われなければならない。
２　児童虐待を行った保護者について児童福祉法第27条第１項第２号の措置が採られた場合においては、当該保護者は、同号の指導を受けなければならない。
３　前項の場合において保護者が同項の指導を受けないときは、都道府県知事は、当該保護者に対し、同項の指導を受けるよう勧告することができる。
４　都道府県知事は、前項の規定による勧告を受けた保護者が当該勧告に従わない場合において必要があると認めるときは、児童福祉法第33条第２項の規

児童虐待の防止等に関する法律

定により児童相談所長をして児童虐待を受けた児童の一時保護を行わせ、又は適当な者に当該一時保護を行うことを委託させ、同法第27条第1項第3号又は第28条第1項の規定による措置を採る等の必要な措置を講ずるものとする。
5 児童相談所長は、第3項の規定による勧告を受けた保護者が当該勧告に従わず、その監護する児童に対し親権を行わせることが著しく当該児童の福祉を害する場合には、必要に応じて、適切に、児童福祉法第33条の7の規定による請求を行うものとする。

（面会等の制限等）
第12条　児童虐待を受けた児童について児童福祉法第27条第1項第3号の措置（以下「施設入所等の措置」という。）が採られ、又は同法第33条第1項若しくは第2項の規定による一時保護が行われた場合において、児童虐待の防止及び児童虐待を受けた児童の保護のため必要があると認めるときは、児童相談所長及び当該児童について施設入所等の措置が採られている場合における当該施設入所等の措置に係る同号に規定する施設の長は、厚生労働省令で定めるところにより、当該児童虐待を行った保護者について、次に掲げる行為の全部又は一部を制限することができる。
(1)　当該児童との面会
(2)　当該児童との通信
2　前項の施設の長は、同項の規定による制限を行った場合又は行わなくなった場合は、その旨を児童相談所長に通知するものとする。
3　児童虐待を受けた児童について施設入所等の措置（児童福祉法第28条の規定によるものに限る。）が採られ、又は同法第33条第1項若しくは第2項の規定による一時保護が行われた場合において、当該児童虐待を行った保護者に対し当該児童の住所又は居所を明らかにしたとすれば、当該保護者が当該児童を連れ戻すおそれがある等再び児童虐待が行われるおそれがあり、又は当該児童の保護に支障をきたすと認めるときは、児童相談所長は、当該保護者に対し、当該児童の住所又は居所を明らかにしないものとする。
第12条の2　児童虐待を受けた児童について施設入所等の措置（児童福祉法第28条の規定によるものを除く。以下この項において同じ。）が採られた場合において、当該児童虐待を行った保護者に当該児童を引き渡した場合には再

資料編

資料編

び児童虐待が行われるおそれがあると認められるにもかかわらず、当該保護者が当該児童の引渡しを求めること、当該保護者が前条第1項の規定による制限に従わないことその他の事情から当該児童について当該施設入所等の措置を採ることが当該保護者の意に反し、これを継続することが困難であると認めるときは、児童相談所長は、次項の報告を行うに至るまで、同法第33条第1項の規定により当該児童の一時保護を行い、又は適当な者に委託して、当該一時保護を行わせることができる。

2 児童相談所長は、前項の一時保護を行った、又は行わせた場合には、速やかに、児童福祉法第26条第1項第1号の規定に基づき、同法第28条の規定による施設入所等の措置を要する旨を都道府県知事に報告しなければならない。

第12条の3 児童相談所長は、児童福祉法第33条第1項の規定により、児童虐待を受けた児童について一時保護を行っている、又は適当な者に委託して、一時保護を行わせている場合（前条第1項の一時保護を行っている、又は行わせている場合を除く。）において、当該児童について施設入所等の措置を要すると認めるときであって、当該児童虐待を行った保護者に当該児童を引き渡した場合には再び児童虐待が行われるおそれがあると認められるにもかかわらず、当該保護者が当該児童の引渡しを求めること、当該保護者が第12条第1項の規定による制限に従わないことその他の事情から当該児童について施設入所等の措置を採ることが当該保護者の意に反すると認めるときは、速やかに、同法第26条第1項第1号の規定に基づき、同法第28条の規定による施設入所等の措置を要する旨を都道府県知事に報告しなければならない。

第12条の4 都道府県知事又は児童相談所長は、児童虐待を受けた児童について施設入所等の措置が採られ、又は児童福祉法第33条第1項若しくは第2項の規定による一時保護が行われ、かつ、第12条第1項の規定により、当該児童虐待を行った保護者について、同項各号に掲げる行為の全部が制限されている場合において、児童虐待の防止及び児童虐待を受けた児童の保護のため特に必要があると認めるときは、厚生労働省令で定めるところにより、6月を超えない期間を定めて、当該保護者に対し、当該児童の住所若しくは居所、就学する学校その他の場所において当該児童の身辺につきまとい、又は当該児童の住所若しくは居所、就学する学校その他その通常所在する場所（通学

児童虐待の防止等に関する法律

路その他の当該児童が日常生活又は社会生活を営むために通常移動する経路を含む。）の付近をはいかいしてはならないことを命ずることができる。

2　都道府県知事又は児童相談所長は、前項に規定する場合において、引き続き児童虐待の防止及び児童虐待を受けた児童の保護のため特に必要があると認めるときは、6月を超えない期間を定めて、同項の規定による命令に係る期間を更新することができる。

3　都道府県知事又は児童相談所長は、第1項の規定による命令をしようとするとき（前項の規定により第1項の規定による命令に係る期間を更新しようとするときを含む。）は、行政手続法第13条第1項の規定による意見陳述のための手続の区分にかかわらず、聴聞を行わなければならない。

4　第1項の規定による命令をするとき（第2項の規定により第1項の規定による命令に係る期間を更新するときを含む。）は、厚生労働省令で定める事項を記載した命令書を交付しなければならない。

5　第1項の規定による命令が発せられた後に施設入所等の措置が解除され、停止され、若しくは他の措置に変更された場合、児童福祉法第33条第1項若しくは第2項の規定による一時保護が解除された場合又は第12条第1項の規定による制限の全部若しくは一部が行われなくなった場合は、当該命令は、その効力を失う。同法第28条第3項の規定により引き続き施設入所等の措置が採られ、又は同法第33条第6項の規定により引き続き一時保護が行われている場合において、第1項の規定による命令が発せられたときであって、当該命令に係る期間が経過する前に同法第28条第2項の規定による当該施設入所等の措置の期間の更新に係る承認の申立てに対する審判又は同法第33条第5項本文の規定による引き続いての一時保護に係る承認の申立てに対する審判が確定したときも、同様とする。

6　都道府県知事又は児童相談所長は、第1項の規定による命令をした場合において、その必要がなくなったと認めるときは、厚生労働省令で定めるところにより、その命令を取り消さなければならない。

　（施設入所等の措置の解除等）
第13条　都道府県知事は、児童虐待を受けた児童について施設入所等の措置が採られ、及び当該児童の保護者について児童福祉法第27条第1項第2号の措

置が採られた場合において、当該児童について採られた施設入所等の措置を解除しようとするときは、当該児童の保護者について同号の指導を行うこととされた児童福祉司等の意見を聴くとともに、当該児童の保護者に対し採られた当該指導の効果、当該児童に対し再び児童虐待が行われることを予防するために採られる措置について見込まれる効果その他厚生労働省令で定める事項を勘案しなければならない。

2 都道府県知事は、児童虐待を受けた児童について施設入所等の措置が採られ、又は児童福祉法第33条第2項の規定による一時保護が行われた場合において、当該児童について採られた施設入所等の措置又は行われた一時保護を解除するときは、当該児童の保護者に対し、親子の再統合の促進その他の児童虐待を受けた児童が家庭で生活することを支援するために必要な助言を行うことができる。

3 都道府県知事は、前項の助言に係る事務の全部又は一部を厚生労働省令で定める者に委託することができる。

4 前項の規定により行われる助言に係る事務に従事する者又は従事していた者は、その事務に関して知り得た秘密を漏らしてはならない。

（施設入所等の措置の解除時の安全確認等）

第13条の2 都道府県は、児童虐待を受けた児童について施設入所等の措置が採られ、又は児童福祉法第33条第2項の規定による一時保護が行われた場合において、当該児童について採られた施設入所等の措置若しくは行われた一時保護を解除するとき又は当該児童が一時的に帰宅するときは、必要と認める期間、市町村、児童福祉施設その他の関係機関との緊密な連携を図りつつ、当該児童の家庭を継続的に訪問することにより当該児童の安全の確認を行うとともに、当該児童の保護者からの相談に応じ、当該児童の養育に関する指導、助言その他の必要な支援を行うものとする。

（児童虐待を受けた児童等に対する支援）

第13条の3 市町村は、子ども・子育て支援法第27条第1項に規定する特定教育・保育施設（次項において「特定教育・保育施設」という。）又は同法第43条第3項に規定する特定地域型保育事業（次項において「特定地域型保育事業」という。）の利用について、同法第42条第1項若しくは第54条第1項

児童虐待の防止等に関する法律

の規定により相談、助言若しくはあっせん若しくは要請を行う場合又は児童福祉法第24条第3項の規定により調整若しくは要請を行う場合には、児童虐待の防止に寄与するため、特別の支援を要する家庭の福祉に配慮をしなければならない。

2　特定教育・保育施設の設置者又は子ども・子育て支援法第29条第1項に規定する特定地域型保育事業者は、同法第33条第2項又は第45条第2項の規定により当該特定教育・保育施設を利用する児童（同法第19条第1項第2号又は第3号に該当する児童に限る。以下この項において同じ。）又は当該特定地域型保育事業者に係る特定地域型保育事業を利用する児童を選考するときは、児童虐待の防止に寄与するため、特別の支援を要する家庭の福祉に配慮をしなければならない。

3　国及び地方公共団体は、児童虐待を受けた児童がその年齢及び能力に応じ充分な教育が受けられるようにするため、教育の内容及び方法の改善及び充実を図る等必要な施策を講じなければならない。

4　国及び地方公共団体は、居住の場所の確保、進学又は就業の支援その他の児童虐待を受けた者の自立の支援のための施策を講じなければならない。

（資料又は情報の提供）

第13条の4　地方公共団体の機関及び病院、診療所、児童福祉施設、学校その他児童の医療、福祉又は教育に関係する機関（地方公共団体の機関を除く。）並びに医師、歯科医師、保健師、助産師、看護師、児童福祉施設の職員、学校の教職員その他児童の医療、福祉又は教育に関連する職務に従事する者は、市町村長、都道府県の設置する福祉事務所の長又は児童相談所長から児童虐待に係る児童又はその保護者の心身の状況、これらの者の置かれている環境その他児童虐待の防止等に係る当該児童、その保護者その他の関係者に関する資料又は情報の提供を求められたときは、当該資料又は情報について、当該市町村長、都道府県の設置する福祉事務所の長又は児童相談所長が児童虐待の防止等に関する事務又は業務の遂行に必要な限度で利用し、かつ、利用することに相当の理由があるときは、これを提供することができる。ただし、当該資料又は情報を提供することによって、当該資料又は情報に係る児童、その保護者その他の関係者又は第三者の権利利益を不当に侵害するおそれが

資料編

あると認められるときは、この限りでない。

（都道府県児童福祉審議会等への報告）

第13条の5 都道府県知事は、児童福祉法第8条第2項に規定する都道府県児童福祉審議会（同条第1項ただし書に規定する都道府県にあっては、地方社会福祉審議会）に、第9条第1項の規定による立入り及び調査又は質問、臨検等並びに児童虐待を受けた児童に行われた同法第33条第1項又は第2項の規定による一時保護の実施状況、児童の心身に著しく重大な被害を及ぼした児童虐待の事例その他の厚生労働省令で定める事項を報告しなければならない。

（親権の行使に関する配慮等）

第14条 児童の親権を行う者は、児童のしつけに際して、民法（明治29年法律第89号）第820条の規定による監護及び教育に必要な範囲を超えて当該児童を懲戒してはならず、当該児童の親権の適切な行使に配慮しなければならない。

2　児童の親権を行う者は、児童虐待に係る暴行罪、傷害罪その他の犯罪について、当該児童の親権を行う者であることを理由として、その責めを免れることはない。

（親権の喪失の制度の適切な運用）

第15条 民法に規定する親権の喪失の制度は、児童虐待の防止及び児童虐待を受けた児童の保護の観点からも、適切に運用されなければならない。

（延長者等の特例）

第16条 児童福祉法第31条第4項に規定する延長者（以下この条において「延長者」という。）、延長者の親権を行う者、未成年後見人その他の者で、延長者を現に監護する者（以下この項において「延長者の監護者」という。）及び延長者の監護者がその監護する延長者について行う次に掲げる行為（以下この項において「延長者虐待」という。）については、延長者を児童と、延長者の監護者を保護者と、延長者虐待を児童虐待と、同法第31条第2項から第4項までの規定による措置を同法第27条第1項第1号から第3号まで又は第2項の規定による措置とみなして、第11条第1項から第3項まで及び第5項、第12条の4並びに第13条第1項の規定を適用する。

(1)　延長者の身体に外傷が生じ、又は生じるおそれのある暴行を加えること。

(2)　延長者にわいせつな行為をすること又は延長者をしてわいせつな行為を

させること。
 (3) 延長者の心身の正常な発達を妨げるような著しい減食又は長時間の放置、延長者の監護者以外の同居人による前2号又は次号に掲げる行為と同様の行為の放置その他の延長者の監護者としての監護を著しく怠ること。
 (4) 延長者に対する著しい暴言又は著しく拒絶的な対応、延長者が同居する家庭における配偶者に対する暴力その他の延長者に著しい心理的外傷を与える言動を行うこと。
2 延長者又は児童福祉法第33条第10項に規定する保護延長者（以下この項において「延長者等」という。）、延長者等の親権を行う者、未成年後見人その他の者で、延長者等を現に監護する者（以下この項において「延長者等の監護者」という。）及び延長者等の監護者がその監護する延長者等について行う次に掲げる行為（以下この項において「延長者等虐待」という。）については、延長者等を児童と、延長者等の監護者を保護者と、延長者等虐待を児童虐待と、同法第31条第2項から第4項までの規定による措置を同法第27条第1項第1号から第3号まで又は第2項の規定による措置と、同法第33条第8項から第11項までの規定による一時保護を同条第1項又は第2項の規定による一時保護とみなして、第11条第4項、第12条から第12条の3まで、第13条第2項から第4項まで、第13条の2、第13条の4及び第13条の5の規定を適用する。
 (1) 延長者等の身体に外傷が生じ、又は生じるおそれのある暴行を加えること。
 (2) 延長者等にわいせつな行為をすること又は延長者等をしてわいせつな行為をさせること。
 (3) 延長者等の心身の正常な発達を妨げるような著しい減食又は長時間の放置、延長者等の監護者以外の同居人による前2号又は次号に掲げる行為と同様の行為の放置その他の延長者等の監護者としての監護を著しく怠ること。
 (4) 延長者等に対する著しい暴言又は著しく拒絶的な対応、延長者等が同居する家庭における配偶者に対する暴力その他の延長者等に著しい心理的外傷を与える言動を行うこと。

（大都市等の特例）
第17条 この法律中都道府県が処理することとされている事務で政令で定める

資料編

ものは、地方自治法（昭和22年法律第67号）第252条の19第1項の指定都市（以下「指定都市」という。）及び同法第252条の22第1項の中核市（以下「中核市」という。）並びに児童福祉法第59条の4第1項に規定する児童相談所設置市においては、政令で定めるところにより、指定都市若しくは中核市又は児童相談所設置市（以下「指定都市等」という。）が処理するものとする。この場合においては、この法律中都道府県に関する規定は、指定都市等に関する規定として指定都市等に適用があるものとする。

（罰則）

第18条　第12条の4第1項（第16条第1項の規定によりみなして適用する場合を含む。以下この条において同じ。）の規定による命令（第12条の4第2項（第16条第1項の規定によりみなして適用する場合を含む。）の規定により第12条の4第1項の規定による命令に係る期間が更新された場合における当該命令を含む。）に違反した者は、1年以下の懲役又は100万円以下の罰金に処する。

第19条　第13条第4項（第16条第2項の規定によりみなして適用する場合を含む。）の規定に違反した者は、1年以下の懲役又は50万円以下の罰金に処する。

　　　附　則　（平成29年6月21日法律第69号）　抄

（施行期日）

第1条　この法律は、公布の日から起算して1年を超えない範囲内において政令で定める日から施行する。ただし、附則第3条の規定は、公布の日から施行する。

（その他の経過措置の政令への委任）

第3条　この附則に規定するもののほか、この法律の施行に関し必要な経過措置は、政令で定める。

（検討）

第4条　政府は、この法律の施行後3年を目途として、児童相談所の体制の整備の状況、家庭裁判所の関与の下での児童福祉法第6条の3第8項に規定する要保護児童を適切に保護するために都道府県及び児童相談所が採る措置の実施状況その他のこの法律による改正後のそれぞれの法律の施行の状況等を勘案し、この法律による改正後のそれぞれの法律の規定について検討を加え、その結果に基づいて必要な措置を講ずるものとする。

3 児童福祉法（抜粋）

（昭和22年12月12日法律第164号）
最近改正　平成29年6月23日法律第71号

第1条　全て児童は、児童の権利に関する条約の精神にのつとり、適切に養育されること、その生活を保障されること、愛され、保護されること、その心身の健やかな成長及び発達並びにその自立が図られることその他の福祉を等しく保障される権利を有する。

第2条　全て国民は、児童が良好な環境において生まれ、かつ、社会のあらゆる分野において、児童の年齢及び発達の程度に応じて、その意見が尊重され、その最善の利益が優先して考慮され、心身ともに健やかに育成されるよう努めなければならない。

2　児童の保護者は、児童を心身ともに健やかに育成することについて第一義的責任を負う。

3　国及び地方公共団体は、児童の保護者とともに、児童を心身ともに健やかに育成する責任を負う。

第3条　前2条に規定するところは、児童の福祉を保障するための原理であり、この原理は、すべて児童に関する法令の施行にあたつて、常に尊重されなければならない。

第3条の2　国及び地方公共団体は、児童が家庭において心身ともに健やかに養育されるよう、児童の保護者を支援しなければならない。ただし、児童及びその保護者の心身の状況、これらの者の置かれている環境その他の状況を勘案し、児童を家庭において養育することが困難であり又は適当でない場合にあつては児童が家庭における養育環境と同様の養育環境において継続的に養育されるよう、児童を家庭及び当該養育環境において養育することが適当でない場合にあつては児童ができる限り良好な家庭的環境において養育されるよう、必要な措置を講じなければならない。

第3条の3　市町村（特別区を含む。以下同じ。）は、児童が心身ともに健やかに育成されるよう、基礎的な地方公共団体として、第10条第1項各号に掲

げる業務の実施、障害児通所給付費の支給、第24条第1項の規定による保育の実施その他この法律に基づく児童の身近な場所における児童の福祉に関する支援に係る業務を適切に行わなければならない。

2 　都道府県は、市町村の行うこの法律に基づく児童の福祉に関する業務が適正かつ円滑に行われるよう、市町村に対する必要な助言及び適切な援助を行うとともに、児童が心身ともに健やかに育成されるよう、専門的な知識及び技術並びに各市町村の区域を超えた広域的な対応が必要な業務として、第11条第1項各号に掲げる業務の実施、小児慢性特定疾病医療費の支給、障害児入所給付費の支給、第27条第1項第3号の規定による委託又は入所の措置その他この法律に基づく児童の福祉に関する業務を適切に行わなければならない。

3 　国は、市町村及び都道府県の行うこの法律に基づく児童の福祉に関する業務が適正かつ円滑に行われるよう、児童が適切に養育される体制の確保に関する施策、市町村及び都道府県に対する助言及び情報の提供その他の必要な各般の措置を講じなければならない。

第4条　この法律で、児童とは、満18歳に満たない者をいい、児童を左のように分ける。

(1)　乳児　満1歳に満たない者
(2)　幼児　満1歳から、小学校就学の始期に達するまでの者
(3)　少年　小学校就学の始期から、満18歳に達するまでの者

2 　この法律で、障害児とは、身体に障害のある児童、知的障害のある児童、精神に障害のある児童（発達障害者支援法（平成16年法律第167号）第2条第2項に規定する発達障害児を含む。）又は治療方法が確立していない疾病その他の特殊の疾病であつて障害者の日常生活及び社会生活を総合的に支援するための法律（平成17年法律第123号）第4条第1項の政令で定めるものによる障害の程度が同項の厚生労働大臣が定める程度である児童をいう。

第6条　この法律で、保護者とは、第19条の3、第57条の3第2項、第57条の3の3第2項及び第57条の4第2項を除き、親権を行う者、未成年後見人その他の者で、児童を現に監護する者をいう。

第6条の4　この法律で、里親とは、次に掲げる者をいう。

児童福祉法（抜粋）

(1) 厚生労働省令で定める人数以下の要保護児童を養育することを希望する者（都道府県知事が厚生労働省令で定めるところにより行う研修を修了したことその他の厚生労働省令で定める要件を満たす者に限る。）のうち、第34条の19に規定する養育里親名簿に登録されたもの（以下「養育里親」という。）

(2) 前号に規定する厚生労働省令で定める人数以下の要保護児童を養育すること及び養子縁組によつて養親となることを希望する者（都道府県知事が厚生労働省令で定めるところにより行う研修を修了した者に限る。）のうち、第34条の19に規定する養子縁組里親名簿に登録されたもの（以下「養子縁組里親」という。）

(3) 第１号に規定する厚生労働省令で定める人数以下の要保護児童を養育することを希望する者（当該要保護児童の父母以外の親族であつて、厚生労働省令で定めるものに限る。）のうち、都道府県知事が第27条第１項第３号の規定により児童を委託する者として適当と認めるもの

第７条　この法律で、児童福祉施設とは、助産施設、乳児院、母子生活支援施設、保育所、幼保連携型認定こども園、児童厚生施設、児童養護施設、障害児入所施設、児童発達支援センター、児童心理治療施設、児童自立支援施設及び児童家庭支援センターとする。

２　略

第８条　第８項、第27条第６項、第33条第５項、第33条の15第３項、第35条第６項、第46条第４項及び第59条第５項の規定によりその権限に属させられた事項を調査審議するため、都道府県に児童福祉に関する審議会その他の合議制の機関を置くものとする。ただし、社会福祉法（昭和26年法律第45号）第12条第１項の規定により同法第７条第１項に規定する地方社会福祉審議会（以下「地方社会福祉審議会」という。）に児童福祉に関する事項を調査審議させる都道府県にあつては、この限りでない。

２　前項に規定する審議会その他の合議制の機関（以下「都道府県児童福祉審議会」という。）は、同項に定めるもののほか、児童、妊産婦及び知的障害者の福祉に関する事項を調査審議することができる。

３　市町村は、第34条の15第４項の規定によりその権限に属させられた事項及

資料編

　び前項の事項を調査審議するため、児童福祉に関する審議会その他の合議制の機関を置くことができる。

4　都道府県児童福祉審議会は、都道府県知事の、前項に規定する審議会その他の合議制の機関（以下「市町村児童福祉審議会」という。）は、市町村長の管理に属し、それぞれその諮問に答え、又は関係行政機関に意見を具申することができる。

5　都道府県児童福祉審議会及び市町村児童福祉審議会（以下「児童福祉審議会」という。）は、特に必要があると認めるときは、関係行政機関に対し、所属職員の出席説明及び資料の提出を求めることができる。

6　児童福祉審議会は、特に必要があると認めるときは、児童、妊産婦及び知的障害者、これらの者の家族その他の関係者に対し、第1項本文及び第2項の事項を調査審議するため必要な報告若しくは資料の提出を求め、又はその者の出席を求め、その意見を聴くことができる。

7　以下　略

第10条　市町村は、この法律の施行に関し、次に掲げる業務を行わなければならない。
　(1)　児童及び妊産婦の福祉に関し、必要な実情の把握に努めること。
　(2)　児童及び妊産婦の福祉に関し、必要な情報の提供を行うこと。
　(3)　児童及び妊産婦の福祉に関し、家庭その他からの相談に応ずること並びに必要な調査及び指導を行うこと並びにこれらに付随する業務を行うこと。
　(4)　前3号に掲げるもののほか、児童及び妊産婦の福祉に関し、家庭その他につき、必要な支援を行うこと。

2　市町村長は、前項第3号に掲げる業務のうち専門的な知識及び技術を必要とするものについては、児童相談所の技術的援助及び助言を求めなければならない。

3　市町村長は、第1項第3号に掲げる業務を行うに当たつて、医学的、心理学的、教育学的、社会学的及び精神保健上の判定を必要とする場合には、児童相談所の判定を求めなければならない。

4　略

第10条の2　市町村は、前条第1項各号に掲げる業務を行うに当たり、児童及

児童福祉法（抜粋）

び妊産婦の福祉に関し、実情の把握、情報の提供、相談、調査、指導、関係機関との連絡調整その他の必要な支援を行うための拠点の整備に努めなければならない。

第11条　都道府県は、この法律の施行に関し、次に掲げる業務を行わなければならない。

⑴　第10条第１項各号に掲げる市町村の業務の実施に関し、市町村相互間の連絡調整、市町村に対する情報の提供、市町村職員の研修その他必要な援助を行うこと及びこれらに付随する業務を行うこと。

⑵　児童及び妊産婦の福祉に関し、主として次に掲げる業務を行うこと。

　イ　各市町村の区域を超えた広域的な見地から、実情の把握に努めること。

　ロ　児童に関する家庭その他からの相談のうち、専門的な知識及び技術を必要とするものに応ずること。

　ハ　児童及びその家庭につき、必要な調査並びに医学的、心理学的、教育学的、社会学的及び精神保健上の判定を行うこと。

　ニ　児童及びその保護者につき、ハの調査又は判定に基づいて心理又は児童の健康及び心身の発達に関する専門的な知識及び技術を必要とする指導その他必要な指導を行うこと。

　ホ　児童の一時保護を行うこと。

　ヘ　里親に関する次に掲げる業務を行うこと。

　　①　里親に関する普及啓発を行うこと。

　　②　里親につき、その相談に応じ、必要な情報の提供、助言、研修その他の援助を行うこと。

　　③　里親と第27条第１項第３号の規定により入所の措置が採られて乳児院、児童養護施設、児童心理治療施設又は児童自立支援施設に入所している児童及び里親相互の交流の場を提供すること。

　　④　第27条第１項第３号の規定による里親への委託に資するよう、里親の選定及び里親と児童との間の調整を行うこと。

　　⑤　第27条第１項第３号の規定により里親に委託しようとする児童及びその保護者並びに里親の意見を聴いて、当該児童の養育の内容その他の厚生労働省令で定める事項について当該児童の養育に関する計画を

作成すること。

　ト　養子縁組により養子となる児童、その父母及び当該養子となる児童の養親となる者、養子縁組により養子となつた児童、その養親となつた者及び当該養子となつた児童の父母（民法（明治29年法律第89号）第817条の２第１項に規定する特別養子縁組により親族関係が終了した当該養子となつた児童の実方の父母を含む。）その他の児童を養子とする養子縁組に関する者につき、その相談に応じ、必要な情報の提供、助言その他の援助を行うこと。

(3)　前２号に掲げるもののほか、児童及び妊産婦の福祉に関し、広域的な対応が必要な業務並びに家庭その他につき専門的な知識及び技術を必要とする支援を行うこと。

2　都道府県知事は、市町村の第10条第１項各号に掲げる業務の適切な実施を確保するため必要があると認めるときは、市町村に対し、必要な助言を行うことができる。

3　都道府県知事は、第１項又は前項の規定による都道府県の事務の全部又は一部を、その管理に属する行政庁に委任することができる。

4　都道府県知事は、第１項第２号へに掲げる業務（次項において「里親支援事業」という。）に係る事務の全部又は一部を厚生労働省令で定める者に委託することができる。

5　前項の規定により行われる里親支援事業に係る事務に従事する者又は従事していた者は、その事務に関して知り得た秘密を漏らしてはならない。

第12条　都道府県は、児童相談所を設置しなければならない。

2　児童相談所は、児童の福祉に関し、主として前条第１項第１号に掲げる業務（市町村職員の研修を除く。）並びに同項第２号（イを除く。）及び第３号に掲げる業務並びに障害者の日常生活及び社会生活を総合的に支援するための法律第22条第２項及び第３項並びに第26条第１項に規定する業務を行うものとする。

3　都道府県は、児童相談所が前項に規定する業務のうち法律に関する専門的な知識経験を必要とするものを適切かつ円滑に行うことの重要性に鑑み、児童相談所における弁護士の配置又はこれに準ずる措置を行うものとする。

児童福祉法（抜粋）

4　児童相談所は、必要に応じ、巡回して、第2項に規定する業務（前条第1項第2号ホに掲げる業務を除く。）を行うことができる。

5　児童相談所長は、その管轄区域内の社会福祉法に規定する福祉に関する事務所（以下「福祉事務所」という。）の長（以下「福祉事務所長」という。）に必要な調査を委嘱することができる。

第12条の3　児童相談所の所長及び所員は、都道府県知事の補助機関である職員とする。

2　所長は、次の各号のいずれかに該当する者でなければならない。

(1)　医師であつて、精神保健に関して学識経験を有する者

(2)　学校教育法に基づく大学又は旧大学令（大正7年勅令第388号）に基づく大学において、心理学を専修する学科又はこれに相当する課程を修めて卒業した者

(3)　社会福祉士

(4)　児童の福祉に関する事務をつかさどる職員（以下「児童福祉司」という。）として2年以上勤務した者又は児童福祉司たる資格を得た後2年以上所員として勤務した者

(5)　前各号に掲げる者と同等以上の能力を有すると認められる者であつて、厚生労働省令で定めるもの

3　所長は、厚生労働大臣が定める基準に適合する研修を受けなければならない。

4　相談及び調査をつかさどる所員は、児童福祉司たる資格を有する者でなければならない。

5　判定をつかさどる所員の中には、第2項第1号に該当する者又はこれに準ずる資格を有する者及び同項第2号に該当する者又はこれに準ずる資格を有する者が、それぞれ一人以上含まれなければならない。

6　指導をつかさどる所員の中には、次の各号に掲げる指導の区分に応じ、当該各号に定める者が含まれなければならない。

(1)　心理に関する専門的な知識及び技術を必要とする指導　第2項第1号に該当する者若しくはこれに準ずる資格を有する者又は同項第2号に該当する者若しくはこれに準ずる資格を有する者

(2)　児童の健康及び心身の発達に関する専門的な知識及び技術を必要とする指導　医師又は保健師

第12条の4　児童相談所には、必要に応じ、児童を一時保護する施設を設けなければならない。

第13条　都道府県は、その設置する児童相談所に、児童福祉司を置かなければならない。

2　児童福祉司の数は、政令で定める基準を標準として都道府県が定めるものとする。

3　児童福祉司は、都道府県知事の補助機関である職員とし、次の各号のいずれかに該当する者のうちから、任用しなければならない。
　(1)　都道府県知事の指定する児童福祉司若しくは児童福祉施設の職員を養成する学校その他の施設を卒業し、又は都道府県知事の指定する講習会の課程を修了した者
　(2)　学校教育法に基づく大学又は旧大学令に基づく大学において、心理学、教育学若しくは社会学を専修する学科又はこれらに相当する課程を修めて卒業した者であつて、厚生労働省令で定める施設において1年以上児童その他の者の福祉に関する相談に応じ、助言、指導その他の援助を行う業務に従事したもの
　(3)　医師
　(4)　社会福祉士
　(5)　社会福祉主事として2年以上児童福祉事業に従事した者であつて、厚生労働大臣が定める講習会の課程を修了したもの
　(6)　前各号に掲げる者と同等以上の能力を有すると認められる者であつて、厚生労働省令で定めるもの

4　児童福祉司は、児童相談所長の命を受けて、児童の保護その他児童の福祉に関する事項について、相談に応じ、専門的技術に基づいて必要な指導を行う等児童の福祉増進に努める。

5　他の児童福祉司が前項の職務を行うため必要な専門的技術に関する指導及び教育を行う児童福祉司は、児童福祉司としておおむね5年以上勤務した者でなければならない。

児童福祉法（抜粋）

6　前項の指導及び教育を行う児童福祉司の数は、政令で定める基準を参酌して都道府県が定めるものとする。
7　児童福祉司は、児童相談所長が定める担当区域により、第4項の職務を行い、担当区域内の市町村長に協力を求めることができる。
8　児童福祉司は、厚生労働大臣が定める基準に適合する研修を受けなければならない。
9　第3項第1号の施設及び講習会の指定に関し必要な事項は、政令で定める。

第16条　市町村の区域に児童委員を置く。
2　民生委員法（昭和23年法律第198号）による民生委員は、児童委員に充てられたものとする。
3　厚生労働大臣は、児童委員のうちから、主任児童委員を指名する。
4　前項の規定による厚生労働大臣の指名は、民生委員法第5条の規定による推薦によつて行う。

第17条　児童委員は、次に掲げる職務を行う。
(1)　児童及び妊産婦につき、その生活及び取り巻く環境の状況を適切に把握しておくこと。
(2)　児童及び妊産婦につき、その保護、保健その他福祉に関し、サービスを適切に利用するために必要な情報の提供その他の援助及び指導を行うこと。
(3)　児童及び妊産婦に係る社会福祉を目的とする事業を経営する者又は児童の健やかな育成に関する活動を行う者と密接に連携し、その事業又は活動を支援すること。
(4)　児童福祉司又は福祉事務所の社会福祉主事の行う職務に協力すること。
(5)　児童の健やかな育成に関する気運の醸成に努めること。
(6)　前各号に掲げるもののほか、必要に応じて、児童及び妊産婦の福祉の増進を図るための活動を行うこと。
2　主任児童委員は、前項各号に掲げる児童委員の職務について、児童の福祉に関する機関と児童委員（主任児童委員である者を除く。以下この項において同じ。）との連絡調整を行うとともに、児童委員の活動に対する援助及び協力を行う。
3　前項の規定は、主任児童委員が第1項各号に掲げる児童委員の職務を行う

資料編

ことを妨げるものではない。
4 児童委員は、その職務に関し、都道府県知事の指揮監督を受ける。
第18条 市町村長は、前条第1項又は第2項に規定する事項に関し、児童委員に必要な状況の通報及び資料の提供を求め、並びに必要な指示をすることができる。
2 児童委員は、その担当区域内における児童又は妊産婦に関し、必要な事項につき、その担当区域を管轄する児童相談所長又は市町村長にその状況を通知し、併せて意見を述べなければならない。
3 児童委員が、児童相談所長に前項の通知をするときは、緊急の必要があると認める場合を除き、市町村長を経由するものとする。
4 児童相談所長は、その管轄区域内の児童委員に必要な調査を委嘱することができる。
第21条の10の5 病院、診療所、児童福祉施設、学校その他児童又は妊産婦の医療、福祉又は教育に関する機関及び医師、看護師、児童福祉施設の職員、学校の教職員その他児童又は妊産婦の医療、福祉又は教育に関連する職務に従事する者は、要支援児童等と思われる者を把握したときは、当該者の情報をその現在地の市町村に提供するよう努めなければならない。
2 刑法の秘密漏示罪の規定その他の守秘義務に関する法律の規定は、前項の規定による情報の提供をすることを妨げるものと解釈してはならない。
第25条 要保護児童を発見した者は、これを市町村、都道府県の設置する福祉事務所若しくは児童相談所又は児童委員を介して市町村、都道府県の設置する福祉事務所若しくは児童相談所に通告しなければならない。ただし、罪を犯した満14歳以上の児童については、この限りでない。この場合においては、これを家庭裁判所に通告しなければならない。
2 刑法の秘密漏示罪の規定その他の守秘義務に関する法律の規定は、前項の規定による通告をすることを妨げるものと解釈してはならない。
第25条の2 地方公共団体は、単独で又は共同して、要保護児童（第31条第4項に規定する延長者及び第33条第8項に規定する保護延長者（次項において「延長者等」という。）を含む。次項において同じ。）の適切な保護又は要支援児童若しくは特定妊婦への適切な支援を図るため、関係機関、関係団体及

児童福祉法（抜粋）

び児童の福祉に関連する職務に従事する者その他の関係者（以下「関係機関等」という。）により構成される要保護児童対策地域協議会（以下「協議会」という。）を置くように努めなければならない。

2　協議会は、要保護児童若しくは要支援児童及びその保護者（延長者等の親権を行う者、未成年後見人その他の者で、延長者等を現に監護する者を含む。）又は特定妊婦（以下この項及び第5項において「支援対象児童等」という。）に関する情報その他要保護児童の適切な保護又は要支援児童若しくは特定妊婦への適切な支援を図るために必要な情報の交換を行うとともに、支援対象児童等に対する支援の内容に関する協議を行うものとする。

3　地方公共団体の長は、協議会を設置したときは、厚生労働省令で定めるところにより、その旨を公示しなければならない。

4　協議会を設置した地方公共団体の長は、協議会を構成する関係機関等のうちから、一に限り要保護児童対策調整機関を指定する。

5　要保護児童対策調整機関は、協議会に関する事務を総括するとともに、支援対象児童等に対する支援が適切に実施されるよう、厚生労働省令で定めるところにより、支援対象児童等に対する支援の実施状況を的確に把握し、必要に応じて、児童相談所、養育支援訪問事業を行う者、母子保健法第22条第1項に規定する母子健康包括支援センターその他の関係機関等との連絡調整を行うものとする。

6　市町村の設置した協議会（市町村が地方公共団体（市町村を除く。）と共同して設置したものを含む。）に係る要保護児童対策調整機関は、厚生労働省令で定めるところにより、専門的な知識及び技術に基づき前項の業務に係る事務を適切に行うことができる者として厚生労働省令で定めるもの（次項及び第8項において「調整担当者」という。）を置くものとする。

7　地方公共団体（市町村を除く。）の設置した協議会（当該地方公共団体が市町村と共同して設置したものを除く。）に係る要保護児童対策調整機関は、厚生労働省令で定めるところにより、調整担当者を置くように努めなければならない。

8　要保護児童対策調整機関に置かれた調整担当者は、厚生労働大臣が定める基準に適合する研修を受けなければならない。

第25条の3　協議会は、前条第2項に規定する情報の交換及び協議を行うため必要があると認めるときは、関係機関等に対し、資料又は情報の提供、意見の開陳その他必要な協力を求めることができる。

第25条の5　次の各号に掲げる協議会を構成する関係機関等の区分に従い、当該各号に定める者は、正当な理由がなく、協議会の職務に関して知り得た秘密を漏らしてはならない。
(1)　国又は地方公共団体の機関　当該機関の職員又は職員であつた者
(2)　法人　当該法人の役員若しくは職員又はこれらの職にあつた者
(3)　前2号に掲げる者以外の者　協議会を構成する者又はその職にあつた者

第25条の6　市町村、都道府県の設置する福祉事務所又は児童相談所は、第25条第1項の規定による通告を受けた場合において必要があると認めるときは、速やかに、当該児童の状況の把握を行うものとする。

第25条の7　市町村（次項に規定する町村を除く。）は、要保護児童若しくは要支援児童及びその保護者又は特定妊婦（次項において「要保護児童等」という。）に対する支援の実施状況を的確に把握するものとし、第25条第1項の規定による通告を受けた児童及び相談に応じた児童又はその保護者（以下「通告児童等」という。）について、必要があると認めたときは、次の各号のいずれかの措置を採らなければならない。
(1)　第27条の措置を要すると認める者並びに医学的、心理学的、教育学的、社会学的及び精神保健上の判定を要すると認める者は、これを児童相談所に送致すること。
(2)　通告児童等を当該市町村の設置する福祉事務所の知的障害者福祉法（昭和35年法律第37号）第9条第6項に規定する知的障害者福祉司（以下「知的障害者福祉司」という。）又は社会福祉主事に指導させること。
(3)　児童自立生活援助の実施が適当であると認める児童は、これをその実施に係る都道府県知事に報告すること。
(4)　児童虐待の防止等に関する法律第8条の2第1項の規定による出頭の求め及び調査若しくは質問、第29条若しくは同法第9条第1項の規定による立入り及び調査若しくは質問又は第33条第1項若しくは第2項の規定による一時保護の実施が適当であると認める者は、これを都道府県知事又は児

児童福祉法（抜粋）

童相談所長に通知すること。
2 福祉事務所を設置していない町村は、要保護児童等に対する支援の実施状況を的確に把握するものとし、通告児童等又は妊産婦について、必要があると認めたときは、次の各号のいずれかの措置を採らなければならない。
 (1) 第27条の措置を要すると認める者並びに医学的、心理学的、教育学的、社会学的及び精神保健上の判定を要すると認める者は、これを児童相談所に送致すること。
 (2) 次条第2号の措置が適当であると認める者は、これを当該町村の属する都道府県の設置する福祉事務所に送致すること。
 (3) 助産の実施又は母子保護の実施が適当であると認める者は、これをそれぞれその実施に係る都道府県知事に報告すること。
 (4) 児童自立生活援助の実施が適当であると認める児童は、これをその実施に係る都道府県知事に報告すること。
 (5) 児童虐待の防止等に関する法律第8条の2第1項の規定による出頭の求め及び調査若しくは質問、第29条若しくは同法第9条第1項の規定による立入り及び調査若しくは質問又は第33条第1項若しくは第2項の規定による一時保護の実施が適当であると認める者は、これを都道府県知事又は児童相談所長に通知すること。

第25条の8 都道府県の設置する福祉事務所の長は、第25条第1項の規定による通告又は前条第2項第2号若しくは次条第1項第4号の規定による送致を受けた児童及び相談に応じた児童、その保護者又は妊産婦について、必要があると認めたときは、次の各号のいずれかの措置を採らなければならない。
 (1) 第27条の措置を要すると認める者並びに医学的、心理学的、教育学的、社会学的及び精神保健上の判定を要すると認める者は、これを児童相談所に送致すること。
 (2) 児童又はその保護者をその福祉事務所の知的障害者福祉司又は社会福祉主事に指導させること。
 (3) 保育の利用等（助産の実施、母子保護の実施又は保育の利用若しくは第24条第5項の規定による措置をいう。以下同じ。）が適当であると認める者は、これをそれぞれその保育の利用等に係る都道府県又は市町村の長に

資料編

　　　報告し、又は通知すること。
　(4)　児童自立生活援助の実施が適当であると認める児童は、これをその実施に係る都道府県知事に報告すること。
　(5)　第21条の6の規定による措置が適当であると認める者は、これをその措置に係る市町村の長に報告し、又は通知すること。
第26条　児童相談所長は、第25条第1項の規定による通告を受けた児童、第25条の7第1項第1号若しくは第2項第1号、前条第1号又は少年法（昭和23年法律第168号）第6条の6第1項若しくは第18条第1項の規定による送致を受けた児童及び相談に応じた児童、その保護者又は妊産婦について、必要があると認めたときは、次の各号のいずれかの措置を採らなければならない。
　(1)　次条の措置を要すると認める者は、これを都道府県知事に報告すること。
　(2)　児童又はその保護者を児童相談所その他の関係機関若しくは関係団体の事業所若しくは事務所に通わせ当該事業所若しくは事務所において、又は当該児童若しくはその保護者の住所若しくは居所において、児童福祉司若しくは児童委員に指導させ、又は市町村、都道府県以外の者の設置する児童家庭支援センター、都道府県以外の障害者の日常生活及び社会生活を総合的に支援するための法律第5条第16項に規定する一般相談支援事業若しくは特定相談支援事業（次条第1項第2号及び第34条の7において「障害者等相談支援事業」という。）を行う者その他当該指導を適切に行うことができる者として厚生労働省令で定めるものに委託して指導させること。
　(3)　児童及び妊産婦の福祉に関し、情報を提供すること、相談（専門的な知識及び技術を必要とするものを除く。）に応ずること、調査及び指導（医学的、心理学的、教育学的、社会学的及び精神保健上の判定を必要とする場合を除く。）を行うことその他の支援（専門的な知識及び技術を必要とするものを除く。）を行うことを要すると認める者（次条の措置を要すると認める者を除く。）は、これを市町村に送致すること。
　(4)　第25条の7第1項第2号又は前条第2号の措置が適当であると認める者は、これを福祉事務所に送致すること。
　(5)　保育の利用等が適当であると認める者は、これをそれぞれその保育の利用等に係る都道府県又は市町村の長に報告し、又は通知すること。

児童福祉法（抜粋）

(6) 児童自立生活援助の実施が適当であると認める児童は、これをその実施に係る都道府県知事に報告すること。
(7) 第21条の6の規定による措置が適当であると認める者は、これをその措置に係る市町村の長に報告し、又は通知すること。
(8) 放課後児童健全育成事業、子育て短期支援事業、養育支援訪問事業、地域子育て支援拠点事業、子育て援助活動支援事業、子ども・子育て支援法第59条第1号に掲げる事業その他市町村が実施する児童の健全な育成に資する事業の実施が適当であると認める者は、これをその事業の実施に係る市町村の長に通知すること。
2　前項第1号の規定による報告書には、児童の住所、氏名、年齢、履歴、性行、健康状態及び家庭環境、同号に規定する措置についての当該児童及びその保護者の意向その他児童の福祉増進に関し、参考となる事項を記載しなければならない。

第27条　都道府県は、前条第1項第1号の規定による報告又は少年法第18条第2項の規定による送致のあつた児童につき、次の各号のいずれかの措置を採らなければならない。
(1) 児童又はその保護者に訓戒を加え、又は誓約書を提出させること。
(2) 児童又はその保護者を児童相談所その他の関係機関若しくは関係団体の事業所若しくは事務所に通わせ当該事業所若しくは事務所において、又は当該児童若しくはその保護者の住所若しくは居所において、児童福祉司、知的障害者福祉司、社会福祉主事、児童委員若しくは当該都道府県の設置する児童家庭支援センター若しくは当該都道府県が行う障害者等相談支援事業に係る職員に指導させ、又は市町村、当該都道府県以外の者の設置する児童家庭支援センター、当該都道府県以外の障害者等相談支援事業を行う者若しくは前条第1項第2号に規定する厚生労働省令で定める者に委託して指導させること。
(3) 児童を小規模住居型児童養育事業を行う者若しくは里親に委託し、又は乳児院、児童養護施設、障害児入所施設、児童心理治療施設若しくは児童自立支援施設に入所させること。
(4) 家庭裁判所の審判に付することが適当であると認める児童は、これを家

資料編

資料編

　　庭裁判所に送致すること。
2　都道府県は、肢体不自由のある児童又は重症心身障害児については、前項第3号の措置に代えて、指定発達支援医療機関に対し、これらの児童を入院させて障害児入所施設（第42条第2号に規定する医療型障害児入所施設に限る。）におけると同様な治療等を行うことを委託することができる。
3　都道府県知事は、少年法第18条第2項の規定による送致のあつた児童につき、第1項の措置を採るにあたつては、家庭裁判所の決定による指示に従わなければならない。
4　第1項第3号又は第2項の措置は、児童に親権を行う者（第47条第1項の規定により親権を行う児童福祉施設の長を除く。以下同じ。）又は未成年後見人があるときは、前項の場合を除いては、その親権を行う者又は未成年後見人の意に反して、これを採ることができない。
5　都道府県知事は、第1項第2号若しくは第3号若しくは第2項の措置を解除し、停止し、又は他の措置に変更する場合には、児童相談所長の意見を聴かなければならない。
6　都道府県知事は、政令の定めるところにより、第1項第1号から第3号までの措置（第3項の規定により採るもの及び第28条第1項第1号又は第2号ただし書の規定により採るものを除く。）若しくは第2項の措置を採る場合又は第1項第2号若しくは第3号若しくは第2項の措置を解除し、停止し、若しくは他の措置に変更する場合には、都道府県児童福祉審議会の意見を聴かなければならない。

第27条の3　都道府県知事は、たまたま児童の行動の自由を制限し、又はその自由を奪うような強制的措置を必要とするときは、第33条、第33条の2及び第47条の規定により認められる場合を除き、事件を家庭裁判所に送致しなければならない。

第28条　保護者が、その児童を虐待し、著しくその監護を怠り、その他保護者に監護させることが著しく当該児童の福祉を害する場合において、第27条第1項第3号の措置を採ることが児童の親権を行う者又は未成年後見人の意に反するときは、都道府県は、次の各号の措置を採ることができる。
（1）保護者が親権を行う者又は未成年後見人であるときは、家庭裁判所の承

児童福祉法（抜粋）

　　認を得て、第27条第１項第３号の措置を採ること。
　(2)　保護者が親権を行う者又は未成年後見人でないときは、その児童を親権を行う者又は未成年後見人に引き渡すこと。ただし、その児童を親権を行う者又は未成年後見人に引き渡すことが児童の福祉のため不適当であると認めるときは、家庭裁判所の承認を得て、第27条第１項第３号の措置を採ること。
２　前項第１号及び第２号ただし書の規定による措置の期間は、当該措置を開始した日から２年を超えてはならない。ただし、当該措置に係る保護者に対する指導措置（第27条第１項第２号の措置をいう。以下この条において同じ。）の効果等に照らし、当該措置を継続しなければ保護者がその児童を虐待し、著しくその監護を怠り、その他著しく当該児童の福祉を害するおそれがあると認めるときは、都道府県は、家庭裁判所の承認を得て、当該期間を更新することができる。
３　都道府県は、前項ただし書の規定による更新に係る承認の申立てをした場合において、やむを得ない事情があるときは、当該措置の期間が満了した後も、当該申立てに対する審判が確定するまでの間、引き続き当該措置を採ることができる。ただし、当該申立てを却下する審判があつた場合は、当該審判の結果を考慮してもなお当該措置を採る必要があると認めるときに限る。
４　家庭裁判所は、第１項第１号若しくは第２号ただし書又は第２項ただし書の承認（以下「措置に関する承認」という。）の申立てがあつた場合は、都道府県に対し、期限を定めて、当該申立てに係る保護者に対する指導措置に関し報告及び意見を求め、又は当該申立てに係る児童及びその保護者に関する必要な資料の提出を求めることができる。
５　家庭裁判所は、措置に関する承認の審判をする場合において、当該措置の終了後の家庭その他の環境の調整を行うため当該保護者に対し指導措置を採ることが相当であると認めるときは、当該保護者に対し、指導措置を採るべき旨を都道府県に勧告することができる。
第29条　都道府県知事は、前条の規定による措置をとるため、必要があると認めるときは、児童委員又は児童の福祉に関する事務に従事する職員をして、児童の住所若しくは居所又は児童の従業する場所に立ち入り、必要な調査又

資料編

は質問をさせることができる。この場合においては、その身分を証明する証票を携帯させ、関係者の請求があつたときは、これを提示させなければならない。

第30条の2　都道府県知事は、小規模住居型児童養育事業を行う者、里親（第27条第1項第3号の規定により委託を受けた里親に限る。第33条の8第2項、第33条の10、第33条の14第2項、第44条の3、第45条の2、第46条第1項、第47条、第48条及び第48条の3において同じ。）及び児童福祉施設の長並びに前条第1項に規定する者に、児童の保護について、必要な指示をし、又は必要な報告をさせることができる。

第31条　都道府県等は、第23条第1項本文の規定により母子生活支援施設に入所した児童については、その保護者から申込みがあり、かつ、必要があると認めるときは、満20歳に達するまで、引き続きその者を母子生活支援施設において保護することができる。

4　都道府県は、延長者（児童以外の満20歳に満たない者のうち、次の各号のいずれかに該当するものをいう。）について、第27条第1項第1号から第3号まで又は第2項の措置を採ることができる。この場合において、第28条の規定の適用については、同条第1項中「保護者が、その児童」とあるのは「第31条第4項に規定する延長者（以下この条において「延長者」という。）の親権を行う者、未成年後見人その他の者で、延長者を現に監護する者（以下この条において「延長者の監護者」という。）が、その延長者」と、「保護者に」とあるのは「延長者の監護者に」と、「当該児童」とあるのは「当該延長者」と、「おいて、第27条第1項第3号」とあるのは「おいて、同項の規定による第27条第1項第3号」と、「児童の親権」とあるのは「延長者の親権」と、同項第1号中「保護者」とあるのは「延長者の監護者」と、「第27条第1項第3号」とあるのは「第31条第4項の規定による第27条第1項第3号」と、同項第2号中「保護者」とあるのは「延長者の監護者」と、「児童」とあるのは「延長者」と、「第27条第1項第3号」とあるのは「第31条第4項の規定による第27条第1項第3号」と、同条第2項ただし書中「保護者」とあるのは「延長者の監護者」と、「第27条第1項第2号」とあるのは「第31条第4項の規定による第27条第1項第2号」と、「児童」とあるのは「延長者」

児童福祉法（抜粋）

と、同条第4項中「保護者」とあるのは「延長者の監護者」と、「児童」とあるのは「延長者」と、同条第5項中「保護者」とあるのは「延長者の監護者」とする。
⑴　満18歳に満たないときにされた措置に関する承認の申立てに係る児童であつた者であつて、当該申立てに対する審判が確定していないもの又は当該申立てに対する承認の審判がなされた後において第28条第1項第1号若しくは第2号ただし書若しくは第2項ただし書の規定による措置が採られていないもの
⑵　第2項からこの項までの規定による措置が採られている者（前号に掲げる者を除く。）
⑶　第33条第6項から第9項までの規定による一時保護が行われている者（前2号に掲げる者を除く。）

第33条　児童相談所長は、必要があると認めるときは、第26条第1項の措置を採るに至るまで、児童の安全を迅速に確保し適切な保護を図るため、又は児童の心身の状況、その置かれている環境その他の状況を把握するため、児童の一時保護を行い、又は適当な者に委託して、当該一時保護を行わせることができる。
2　都道府県知事は、必要があると認めるときは、第27条第1項又は第2項の措置を採るに至るまで、児童の安全を迅速に確保し適切な保護を図るため、又は児童の心身の状況、その置かれている環境その他の状況を把握するため、児童相談所長をして、児童の一時保護を行わせ、又は適当な者に当該一時保護を行うことを委託させることができる。
3　前2項の規定による一時保護の期間は、当該一時保護を開始した日から2月を超えてはならない。
4　前項の規定にかかわらず、児童相談所長又は都道府県知事は、必要があると認めるときは、引き続き第1項又は第2項の規定による一時保護を行うことができる。
5　前項の規定により引き続き一時保護を行うことが当該児童の親権を行う者又は未成年後見人の意に反する場合においては、児童相談所長又は都道府県知事が引き続き一時保護を行おうとするとき、及び引き続き一時保護を行つ

資料編

た後2月を経過するごとに、都道府県知事は、都道府県児童福祉審議会の意見を聴かなければならない。ただし、当該児童に係る第28条第1項第1号若しくは第2号ただし書の承認の申立て又は当該児童の親権者に係る第33条の7の規定による親権喪失若しくは親権停止の審判の請求がされている場合は、この限りでない。

6 児童相談所長は、特に必要があると認めるときは、第1項の規定により一時保護が行われた児童については満20歳に達するまでの間、次に掲げる措置を採るに至るまで、引き続き一時保護を行い、又は一時保護を行わせることができる。

(1) 第31条第4項の規定による措置を要すると認める者は、これを都道府県知事に報告すること。

(2) 児童自立生活援助の実施が適当であると認める満20歳未満義務教育終了児童等は、これをその実施に係る都道府県知事に報告すること。

7 都道府県知事は、特に必要があると認めるときは、第2項の規定により一時保護が行われた児童については満20歳に達するまでの間、第31条第4項の規定による措置を採るに至るまで、児童相談所長をして、引き続き一時保護を行わせ、又は一時保護を行うことを委託させることができる。

8 児童相談所長は、特に必要があると認めるときは、第6項各号に掲げる措置を採るに至るまで、保護延長者（児童以外の満20歳に満たない者のうち、次の各号のいずれかに該当するものをいう。以下この項及び次項において同じ。）の安全を迅速に確保し適切な保護を図るため、又は保護延長者の心身の状況、その置かれている環境その他の状況を把握するため、保護延長者の一時保護を行い、又は適当な者に委託して、当該一時保護を行わせることができる。

(1) 満18歳に満たないときにされた措置に関する承認の申立てに係る児童であつた者であつて、当該申立てに対する審判が確定していないもの又は当該申立てに対する承認の審判がなされた後において第28条第1項第1号若しくは第2号ただし書若しくは第2項ただし書の規定による措置が採られていないもの

(2) 第31条第2項から第4項までの規定による措置が採られている者（前号

児童福祉法（抜粋）

に掲げる者を除く。）
9　都道府県知事は、特に必要があると認めるときは、第31条第4項の規定による措置を採るに至るまで、保護延長者の安全を迅速に確保し適切な保護を図るため、又は保護延長者の心身の状況、その置かれている環境その他の状況を把握するため、児童相談所長をして、保護延長者の一時保護を行わせ、又は適当な者に当該一時保護を行うことを委託させることができる。
10　第6項から前項までの規定による一時保護は、この法律の適用については、第1項又は第2項の規定による一時保護とみなす。

第33条の2　児童相談所長は、一時保護が行われた児童で親権を行う者又は未成年後見人のないものに対し、親権を行う者又は未成年後見人があるに至るまでの間、親権を行う。ただし、民法第797条の規定による縁組の承諾をするには、厚生労働省令の定めるところにより、都道府県知事の許可を得なければならない。
2　児童相談所長は、一時保護が行われた児童で親権を行う者又は未成年後見人のあるものについても、監護、教育及び懲戒に関し、その児童の福祉のため必要な措置を採ることができる。
3　前項の児童の親権を行う者又は未成年後見人は、同項の規定による措置を不当に妨げてはならない。
4　第2項の規定による措置は、児童の生命又は身体の安全を確保するため緊急の必要があると認めるときは、その親権を行う者又は未成年後見人の意に反しても、これをとることができる。

第33条の2の2　児童相談所長は、一時保護が行われた児童の所持する物であつて、一時保護中本人に所持させることが児童の福祉を損なうおそれがあるものを保管することができる。
2　児童相談所長は、前項の規定により保管する物で、腐敗し、若しくは滅失するおそれがあるもの又は保管に著しく不便なものは、これを売却してその代価を保管することができる。
3　児童相談所長は、前2項の規定により保管する物について当該児童以外の者が返還請求権を有することが明らかな場合には、これをその権利者に返還しなければならない。

資料編

4　児童相談所長は、前項に規定する返還請求権を有する者を知ることができないとき、又はその者の所在を知ることができないときは、返還請求権を有する者は、6月以内に申し出るべき旨を公告しなければならない。

5　前項の期間内に同項の申出がないときは、その物は、当該児童相談所を設置した都道府県に帰属する。

6　児童相談所長は、一時保護を解除するときは、第3項の規定により返還する物を除き、その保管する物を当該児童に返還しなければならない。この場合において、当該児童に交付することが児童の福祉のため不適当であると認めるときは、これをその保護者に交付することができる。

7　第1項の規定による保管、第2項の規定による売却及び第4項の規定による公告に要する費用は、その物の返還を受ける者があるときは、その者の負担とする。

第33条の7　児童又は児童以外の満20歳に満たない者（以下「児童等」という。）の親権者に係る民法第834条本文、第834条の2第1項、第835条又は第836条の規定による親権喪失、親権停止若しくは管理権喪失の審判の請求又はこれらの審判の取消しの請求は、これらの規定に定める者のほか、児童相談所長も、これを行うことができる。

第33条の8　児童相談所長は、親権を行う者のない児童等について、その福祉のため必要があるときは、家庭裁判所に対し未成年後見人の選任を請求しなければならない。

2　児童相談所長は、前項の規定による未成年後見人の選任の請求に係る児童等（小規模住居型児童養育事業を行う者若しくは里親に委託中若しくは児童福祉施設に入所中の児童等又は一時保護中の児童を除く。）に対し、親権を行う者又は未成年後見人があるに至るまでの間、親権を行う。ただし、民法第797条の規定による縁組の承諾をするには、厚生労働省令の定めるところにより、都道府県知事の許可を得なければならない。

第33条の9　児童等の未成年後見人に、不正な行為、著しい不行跡その他後見の任務に適しない事由があるときは、民法第846条の規定による未成年後見人の解任の請求は、同条に定める者のほか、児童相談所長も、これを行うことができる。

児童福祉法（抜粋）

第34条の19　都道府県知事は、第27条第1項第3号の規定により児童を委託するため、厚生労働省令で定めるところにより、養育里親名簿及び養子縁組里親名簿を作成しておかなければならない。

第34条の20　本人又はその同居人が次の各号（同居人にあつては、第1号を除く。）のいずれかに該当する者は、養育里親及び養子縁組里親となることができない。
(1)　成年被後見人又は被保佐人
(2)　禁錮以上の刑に処せられ、その執行を終わり、又は執行を受けることがなくなるまでの者
(3)　この法律、児童買春、児童ポルノに係る行為等の規制及び処罰並びに児童の保護等に関する法律（平成11年法律第52号）その他国民の福祉に関する法律で政令で定めるものの規定により罰金の刑に処せられ、その執行を終わり、又は執行を受けることがなくなるまでの者
(4)　児童虐待の防止等に関する法律第2条に規定する児童虐待又は被措置児童等虐待を行つた者その他児童の福祉に関し著しく不適当な行為をした者

2　都道府県知事は、養育里親若しくは養子縁組里親又はその同居人が前項各号（同居人にあつては、同項第1号を除く。）のいずれかに該当するに至つたときは、当該養育里親又は養子縁組里親を直ちに養育里親名簿又は養子縁組里親名簿から抹消しなければならない。

第34条の21　この法律に定めるもののほか、養育里親名簿又は養子縁組里親名簿の登録のための手続その他養育里親又は養子縁組里親に関し必要な事項は、厚生労働省令で定める。

第47条　児童福祉施設の長は、入所中の児童等で親権を行う者又は未成年後見人のないものに対し、親権を行う者又は未成年後見人があるに至るまでの間、親権を行う。ただし、民法第797条の規定による縁組の承諾をするには、厚生労働省令の定めるところにより、都道府県知事の許可を得なければならない。

2　児童相談所長は、小規模住居型児童養育事業を行う者又は里親に委託中の児童等で親権を行う者又は未成年後見人のないものに対し、親権を行う者又は未成年後見人があるに至るまでの間、親権を行う。ただし、民法第797条

資料編

の規定による縁組の承諾をするには、厚生労働省令の定めるところにより、都道府県知事の許可を得なければならない。

3 児童福祉施設の長、その住居において養育を行う第6条の3第8項に規定する厚生労働省令で定める者又は里親は、入所中又は受託中の児童等で親権を行う者又は未成年後見人のあるものについても、監護、教育及び懲戒に関し、その児童等の福祉のため必要な措置をとることができる。

4 前項の児童等の親権を行う者又は未成年後見人は、同項の規定による措置を不当に妨げてはならない。

5 第3項の規定による措置は、児童等の生命又は身体の安全を確保するため緊急必要があると認めるときは、その親権を行う者又は未成年後見人の意に反しても、これをとることができる。この場合において、児童福祉施設の長、小規模住居型児童養育事業を行う者又は里親は、速やかに、そのとつた措置について、当該児童等に係る通所給付決定若しくは入所給付決定、第21条の6、第24条第5項若しくは第6項若しくは第27条第1項第3号の措置、助産の実施若しくは母子保護の実施又は当該児童に係る子ども・子育て支援法20条第4項に規定する支給認定を行つた都道府県又は市町村の長に報告しなければならない。

第48条の3 乳児院、児童養護施設、障害児入所施設、児童心理治療施設及び児童自立支援施設の長並びに小規模住居型児童養育事業を行う者及び里親は、当該施設に入所し、又は小規模住居型児童養育事業を行う者若しくは里親に委託された児童及びその保護者に対して、市町村、児童相談所、児童家庭支援センター、教育機関、医療機関その他の関係機関との緊密な連携を図りつつ、親子の再統合のための支援その他の当該児童が家庭(家庭における養育環境と同様の養育環境及び良好な家庭的環境を含む。)で養育されるために必要な措置を採らなければならない。

第59条の4 この法律中都道府県が処理することとされている事務で政令で定めるものは、指定都市及び地方自治法第252条の22第1項の中核市(以下「中核市」という。)並びに児童相談所を設置する市(特別区を含む。以下この項において同じ。)として政令で定める市(以下「児童相談所設置市」という。)においては、政令で定めるところにより、指定都市若しくは中核市又は児童

児童福祉法（抜粋）

相談所設置市（以下「指定都市等」という。）が処理するものとする。この場合においては、この法律中都道府県に関する規定は、指定都市等に関する規定として指定都市等に適用があるものとする。
2　略
3　略
4　都道府県知事は、児童相談所設置市の長に対し、当該児童相談所の円滑な運営が確保されるように必要な勧告、助言又は援助をすることができる。
5　略

第61条の5　正当の理由がないのに、第29条の規定による児童委員若しくは児童の福祉に関する事務に従事する職員の職務の執行を拒み、妨げ、若しくは忌避し、又はその質問に対して答弁をせず、若しくは虚偽の答弁をし、若しくは児童に答弁をさせず、若しくは虚偽の答弁をさせた者は、50万円以下の罰金に処する。

資料編

4　民法（抜粋）

（明治29年4月27日法律第89号）

最近改正　平成29年6月2日法律第44号

第4編　親族
　第2章　婚姻
　　第2節　婚姻の効力
（婚姻による成年擬制）
第753条　未成年者が婚姻をしたときは、これによって成年に達したものとみなす。
　　第4節　離婚
　　　第1款　協議上の離婚
（離婚後の子の監護に関する事項の定め等）
第766条　父母が協議上の離婚をするときは、子の監護をすべき者、父又は母と子との面会及びその他の交流、子の監護に要する費用の分担その他の子の監護について必要な事項は、その協議で定める。この場合においては、子の利益を最も優先して考慮しなければならない。
2　前項の協議が調わないとき、又は協議をすることができないときは、家庭裁判所が、同項の事項を定める。
3　家庭裁判所は、必要があると認めるときは、前2項の規定による定めを変更し、その他子の監護について相当な処分を命ずることができる。
4　前3項の規定によっては、監護の範囲外では、父母の権利義務に変更を生じない。
（15歳未満の者を養子とする縁組）
第797条　養子となる者が15歳未満であるときは、その法定代理人が、これに代わって、縁組の承諾をすることができる。
2　法定代理人が前項の承諾をするには、養子となる者の父母でその監護をすべき者であるものが他にあるときは、その同意を得なければならない。養子となる者の父母で親権を停止されているものがあるときも、同様とする。
　第4章　親権

民法（抜粋）

第1節　総則
（親権者）
第818条　成年に達しない子は、父母の親権に服する。
2　子が養子であるときは、養親の親権に服する。
3　親権は、父母の婚姻中は、父母が共同して行う。ただし、父母の一方が親権を行うことができないときは、他の一方が行う。

（離婚又は認知の場合の親権者）
第819条　父母が協議上の離婚をするときは、その協議で、その一方を親権者と定めなければならない。
2　裁判上の離婚の場合には、裁判所は、父母の一方を親権者と定める。
3　子の出生前に父母が離婚した場合には、親権は、母が行う。ただし、子の出生後に、父母の協議で、父を親権者と定めることができる。
4　父が認知した子に対する親権は、父母の協議で父を親権者と定めたときに限り、父が行う。
5　第1項、第3項又は前項の協議が調わないとき、又は協議をすることができないときは、家庭裁判所は、父又は母の請求によって、協議に代わる審判をすることができる。
6　子の利益のため必要があると認めるときは、家庭裁判所は、子の親族の請求によって、親権者を他の一方に変更することができる。

第2節　親権の効力
（監護及び教育の権利義務）
第820条　親権を行う者は、子の利益のために子の監護及び教育をする権利を有し、義務を負う。

（居所の指定）
第821条　子は、親権を行う者が指定した場所に、その居所を定めなければならない。

（懲戒）
第822条　親権を行う者は、第820条の規定による監護及び教育に必要な範囲内でその子を懲戒することができる。

（職業の許可）

資料編

第823条 子は、親権を行う者の許可を得なければ、職業を営むことができない。
2 親権を行う者は、第6条第2項の場合には、前項の許可を取り消し、又はこれを制限することができる。
　（財産の管理及び代表）
第824条 親権を行う者は、子の財産を管理し、かつ、その財産に関する法律行為についてその子を代表する。ただし、その子の行為を目的とする債務を生ずべき場合には、本人の同意を得なければならない。
　（父母の一方が共同の名義でした行為の効力）
第825条 父母が共同して親権を行う場合において、父母の一方が、共同の名義で、子に代わって法律行為をし又は子がこれをすることに同意したときは、その行為は、他の一方の意思に反したときであっても、そのためにその効力を妨げられない。ただし、相手方が悪意であったときは、この限りでない。
　（利益相反行為）
第826条 親権を行う父又は母とその子との利益が相反する行為については、親権を行う者は、その子のために特別代理人を選任することを家庭裁判所に請求しなければならない。
2 親権を行う者が数人の子に対して親権を行う場合において、その一人と他の子との利益が相反する行為については、親権を行う者は、その一方のために特別代理人を選任することを家庭裁判所に請求しなければならない。
　（財産の管理における注意義務）
第827条 親権を行う者は、自己のためにするのと同一の注意をもって、その管理権を行わなければならない。
　（財産の管理の計算）
第828条 子が成年に達したときは、親権を行った者は、遅滞なくその管理の計算をしなければならない。ただし、その子の養育及び財産の管理の費用は、その子の財産の収益と相殺したものとみなす。
第829条 前条ただし書の規定は、無償で子に財産を与える第三者が反対の意思を表示したときは、その財産については、これを適用しない。
　（第三者が無償で子に与えた財産の管理）
第830条 無償で子に財産を与える第三者が、親権を行う父又は母にこれを管

民法（抜粋）

理させない意思を表示したときは、その財産は、父又は母の管理に属しないものとする。
2　前項の財産につき父母が共に管理権を有しない場合において、第三者が管理者を指定しなかったときは、家庭裁判所は、子、その親族又は検察官の請求によって、その管理者を選任する。
3　第三者が管理者を指定したときであっても、その管理者の権限が消滅し、又はこれを改任する必要がある場合において、第三者が更に管理者を指定しないときも、前項と同様とする。
4　第27条から第29条までの規定は、前2項の場合について準用する。
（委任の規定の準用）
第831条　第654条及び第655条の規定は、親権を行う者が子の財産を管理する場合及び前条の場合について準用する。
（財産の管理について生じた親子間の債権の消滅時効）
第832条　親権を行った者とその子との間に財産の管理について生じた債権は、その管理権が消滅した時から5年間これを行使しないときは、時効によって消滅する。
2　子がまだ成年に達しない間に管理権が消滅した場合において子に法定代理人がないときは、前項の期間は、その子が成年に達し、又は後任の法定代理人が就職した時から起算する。
（子に代わる親権の行使）
第833条　親権を行う者は、その親権に服する子に代わって親権を行う。
　　　第3節　親権の喪失
（親権喪失の審判）
第834条　父又は母による虐待又は悪意の遺棄があるときその他父又は母による親権の行使が著しく困難又は不適当であることにより子の利益を著しく害するときは、家庭裁判所は、子、その親族、未成年後見人、未成年後見監督人又は検察官の請求により、その父又は母について、親権喪失の審判をすることができる。ただし、2年以内にその原因が消滅する見込みがあるときは、この限りでない。
（親権停止の審判）

第834条の2　父又は母による親権の行使が困難又は不適当であることにより子の利益を害するときは、家庭裁判所は、子、その親族、未成年後見人、未成年後見監督人又は検察官の請求により、その父又は母について、親権停止の審判をすることができる。
2　家庭裁判所は、親権停止の審判をするときは、その原因が消滅するまでに要すると見込まれる期間、子の心身の状態及び生活の状況その他一切の事情を考慮して、2年を超えない範囲内で、親権を停止する期間を定める。
　（管理権喪失の審判）
第835条　父又は母による管理権の行使が困難又は不適当であることにより子の利益を害するときは、家庭裁判所は、子、その親族、未成年後見人、未成年後見監督人又は検察官の請求により、その父又は母について、管理権喪失の審判をすることができる。
　（親権喪失、親権停止又は管理権喪失の審判の取消し）
第836条　第834条本文、第834条の2第1項又は前条に規定する原因が消滅したときは、家庭裁判所は、本人又はその親族の請求によって、それぞれ親権喪失、親権停止又は管理権喪失の審判を取り消すことができる。
　（親権又は管理権の辞任及び回復）
第837条　親権を行う父又は母は、やむを得ない事由があるときは、家庭裁判所の許可を得て、親権又は管理権を辞することができる。
2　前項の事由が消滅したときは、父又は母は、家庭裁判所の許可を得て、親権又は管理権を回復することができる。

第5章　後見

第1節　後見の開始

第838条　後見は、次に掲げる場合に開始する。
(1)　未成年者に対して親権を行う者がないとき、又は親権を行う者が管理権を有しないとき。
(2)　後見開始の審判があったとき。

第2節　後見の機関

第1款　後見人

　（未成年後見人の指定）

民法（抜粋）

第839条　未成年者に対して最後に親権を行う者は、遺言で、未成年後見人を指定することができる。ただし、管理権を有しない者は、この限りでない。
2　親権を行う父母の一方が管理権を有しないときは、他の一方は、前項の規定により未成年後見人の指定をすることができる。
　（未成年後見人の選任）
第840条　前条の規定により未成年後見人となるべき者がないときは、家庭裁判所は、未成年被後見人又はその親族その他の利害関係人の請求によって、未成年後見人を選任する。未成年後見人が欠けたときも、同様とする。
2　未成年後見人がある場合においても、家庭裁判所は、必要があると認めるときは、前項に規定する者若しくは未成年後見人の請求により又は職権で、更に未成年後見人を選任することができる。
3　未成年後見人を選任するには、未成年被後見人の年齢、心身の状態並びに生活及び財産の状況、未成年後見人となる者の職業及び経歴並びに未成年被後見人との利害関係の有無（未成年後見人となる者が法人であるときは、その事業の種類及び内容並びにその法人及びその代表者と未成年被後見人との利害関係の有無）、未成年被後見人の意見その他一切の事情を考慮しなければならない。
　（父母による未成年後見人の選任の請求）
第841条　父若しくは母が親権若しくは管理権を辞し、又は父若しくは母について親権喪失、親権停止若しくは管理権喪失の審判があったことによって未成年後見人を選任する必要が生じたときは、その父又は母は、遅滞なく未成年後見人の選任を家庭裁判所に請求しなければならない。
第842条　削除
　（成年後見人の選任）
第843条　家庭裁判所は、後見開始の審判をするときは、職権で、成年後見人を選任する。
2　成年後見人が欠けたときは、家庭裁判所は、成年被後見人若しくはその親族その他の利害関係人の請求により又は職権で、成年後見人を選任する。
3　成年後見人が選任されている場合においても、家庭裁判所は、必要があると認めるときは、前項に規定する者若しくは成年後見人の請求により又は職

権で、更に成年後見人を選任することができる。
4　成年後見人を選任するには、成年被後見人の心身の状態並びに生活及び財産の状況、成年後見人となる者の職業及び経歴並びに成年被後見人との利害関係の有無（成年後見人となる者が法人であるときは、その事業の種類及び内容並びにその法人及びその代表者と成年被後見人との利害関係の有無）、成年被後見人の意見その他一切の事情を考慮しなければならない。

（後見人の辞任）
第844条　後見人は、正当な事由があるときは、家庭裁判所の許可を得て、その任務を辞することができる。

（辞任した後見人による新たな後見人の選任の請求）
第845条　後見人がその任務を辞したことによって新たに後見人を選任する必要が生じたときは、その後見人は、遅滞なく新たな後見人の選任を家庭裁判所に請求しなければならない。

（後見人の解任）
第846条　後見人に不正な行為、著しい不行跡その他後見の任務に適しない事由があるときは、家庭裁判所は、後見監督人、被後見人若しくはその親族若しくは検察官の請求により又は職権で、これを解任することができる。

（後見人の欠格事由）
第847条　次に掲げる者は、後見人となることができない。
(1)　未成年者
(2)　家庭裁判所で免ぜられた法定代理人、保佐人又は補助人
(3)　破産者
(4)　被後見人に対して訴訟をし、又はした者並びにその配偶者及び直系血族
(5)　行方の知れない者

　　　　第2款　後見監督人

（未成年後見監督人の指定）
第848条　未成年後見人を指定することができる者は、遺言で、未成年後見監督人を指定することができる。

（後見監督人の選任）
第849条　家庭裁判所は、必要があると認めるときは、被後見人、その親族若

民法（抜粋）

しくは後見人の請求により又は職権で、後見監督人を選任することができる。
（後見監督人の欠格事由）
第850条　後見人の配偶者、直系血族及び兄弟姉妹は、後見監督人となることができない。
（後見監督人の職務）
第851条　後見監督人の職務は、次のとおりとする。
(1)　後見人の事務を監督すること。
(2)　後見人が欠けた場合に、遅滞なくその選任を家庭裁判所に請求すること。
(3)　急迫の事情がある場合に、必要な処分をすること。
(4)　後見人又はその代表する者と被後見人との利益が相反する行為について被後見人を代表すること。
（委任及び後見人の規定の準用）
第852条　第644条、第654条、第655条、第844条、第846条、第847条、第861条第2項及び第862条の規定は後見監督人について、第840条第3項及び第857条の2の規定は未成年後見監督人について、第843条第4項、第859条の2及び第859条の3の規定は成年後見監督人について準用する。

第3節　後見の事務

（財産の調査及び目録の作成）
第853条　後見人は、遅滞なく被後見人の財産の調査に着手し、1箇月以内に、その調査を終わり、かつ、その目録を作成しなければならない。ただし、この期間は、家庭裁判所において伸長することができる。
2　財産の調査及びその目録の作成は、後見監督人があるときは、その立会いをもってしなければ、その効力を生じない。
（財産の目録の作成前の権限）
第854条　後見人は、財産の目録の作成を終わるまでは、急迫の必要がある行為のみをする権限を有する。ただし、これをもって善意の第三者に対抗することができない。
（後見人の被後見人に対する債権又は債務の申出義務）
第855条　後見人が、被後見人に対し、債権を有し、又は債務を負う場合において、後見監督人があるときは、財産の調査に着手する前に、これを後見監

督人に申し出なければならない。

2 　後見人が、被後見人に対し債権を有することを知ってこれを申し出ないときは、その債権を失う。

（被後見人が包括財産を取得した場合についての準用）

第856条　前3条の規定は、後見人が就職した後被後見人が包括財産を取得した場合について準用する。

（未成年被後見人の身上の監護に関する権利義務）

第857条　未成年後見人は、第820条から第823条までに規定する事項について、親権を行う者と同一の権利義務を有する。ただし、親権を行う者が定めた教育の方法及び居所を変更し、営業を許可し、その許可を取り消し、又はこれを制限するには、未成年後見監督人があるときは、その同意を得なければならない。

（未成年後見人が数人ある場合の権限の行使等）

第857条の2　未成年後見人が数人あるときは、共同してその権限を行使する。

2 　未成年後見人が数人あるときは、家庭裁判所は、職権で、その一部の者について、財産に関する権限のみを行使すべきことを定めることができる。

3 　未成年後見人が数人あるときは、家庭裁判所は、職権で、財産に関する権限について、各未成年後見人が単独で又は数人の未成年後見人が事務を分掌して、その権限を行使すべきことを定めることができる。

4 　家庭裁判所は、職権で、前2項の規定による定めを取り消すことができる。

5 　未成年後見人が数人あるときは、第三者の意思表示は、その一人に対してすれば足りる。

（成年被後見人の意思の尊重及び身上の配慮）

第858条　成年後見人は、成年被後見人の生活、療養看護及び財産の管理に関する事務を行うに当たっては、成年被後見人の意思を尊重し、かつ、その心身の状態及び生活の状況に配慮しなければならない。

（財産の管理及び代表）

第859条　後見人は、被後見人の財産を管理し、かつ、その財産に関する法律行為について被後見人を代表する。

2 　第824条ただし書の規定は、前項の場合について準用する。

民法（抜粋）

（成年後見人が数人ある場合の権限の行使等）
第859条の２　成年後見人が数人あるときは、家庭裁判所は、職権で、数人の成年後見人が、共同して又は事務を分掌して、その権限を行使すべきことを定めることができる。
２　家庭裁判所は、職権で、前項の規定による定めを取り消すことができる。
３　成年後見人が数人あるときは、第三者の意思表示は、その一人に対してすれば足りる。

（成年被後見人の居住用不動産の処分についての許可）
第859条の３　成年後見人は、成年被後見人に代わって、その居住の用に供する建物又はその敷地について、売却、賃貸、賃貸借の解除又は抵当権の設定その他これらに準ずる処分をするには、家庭裁判所の許可を得なければならない。

（利益相反行為）
第860条　第826条の規定は、後見人について準用する。ただし、後見監督人がある場合は、この限りでない。

（支出金額の予定及び後見の事務の費用）
第861条　後見人は、その就職の初めにおいて、被後見人の生活、教育又は療養看護及び財産の管理のために毎年支出すべき金額を予定しなければならない。
２　後見人が後見の事務を行うために必要な費用は、被後見人の財産の中から支弁する。

（後見人の報酬）
第862条　家庭裁判所は、後見人及び被後見人の資力その他の事情によって、被後見人の財産の中から、相当な報酬を後見人に与えることができる。

（後見の事務の監督）
第863条　後見監督人又は家庭裁判所は、いつでも、後見人に対し後見の事務の報告若しくは財産の目録の提出を求め、又は後見の事務若しくは被後見人の財産の状況を調査することができる。
２　家庭裁判所は、後見監督人、被後見人若しくはその親族その他の利害関係人の請求により又は職権で、被後見人の財産の管理その他後見の事務につい

て必要な処分を命ずることができる。
　（後見監督人の同意を要する行為）
第864条　後見人が、被後見人に代わって営業若しくは第13条第1項各号に掲げる行為をし、又は未成年被後見人がこれをすることに同意するには、後見監督人があるときは、その同意を得なければならない。ただし、同項第1号に掲げる元本の領収については、この限りでない。
第865条　後見人が、前条の規定に違反してし又は同意を与えた行為は、被後見人又は後見人が取り消すことができる。この場合においては、第20条の規定を準用する。
2　前項の規定は、第121条から第126条までの規定の適用を妨げない。
　（被後見人の財産等の譲受けの取消し）
第866条　後見人が被後見人の財産又は被後見人に対する第三者の権利を譲り受けたときは、被後見人は、これを取り消すことができる。この場合においては、第20条の規定を準用する。
2　前項の規定は、第121条から第126条までの規定の適用を妨げない。
　（未成年被後見人に代わる親権の行使）
第867条　未成年後見人は、未成年被後見人に代わって親権を行う。
2　第853条から第857条まで及び第861条から前条までの規定は、前項の場合について準用する。
　（財産に関する権限のみを有する未成年後見人）
第868条　親権を行う者が管理権を有しない場合には、未成年後見人は、財産に関する権限のみを有する。
　（委任及び親権の規定の準用）
第869条　第644条及び第830条の規定は、後見について準用する。
　　　　　第4節　後見の終了
　（後見の計算）
第870条　後見人の任務が終了したときは、後見人又はその相続人は、2箇月以内にその管理の計算（以下「後見の計算」という。）をしなければならない。ただし、この期間は、家庭裁判所において伸長することができる。
第871条　後見の計算は、後見監督人があるときは、その立会いをもってしな

民法（抜粋）

ければならない。

（未成年被後見人と未成年後見人等との間の契約等の取消し）

第872条　未成年被後見人が成年に達した後後見の計算の終了前に、その者と未成年後見人又はその相続人との間でした契約は、その者が取り消すことができる。その者が未成年後見人又はその相続人に対してした単独行為も、同様とする。

2　第20条及び第121条から第126条までの規定は、前項の場合について準用する。

（返還金に対する利息の支払等）

第873条　後見人が被後見人に返還すべき金額及び被後見人が後見人に返還すべき金額には、後見の計算が終了した時から、利息を付さなければならない。

2　後見人は、自己のために被後見人の金銭を消費したときは、その消費の時から、これに利息を付さなければならない。この場合において、なお損害があるときは、その賠償の責任を負う。

（委任の規定の準用）

第874条　第654条及び第655条の規定は、後見について準用する。

（後見に関して生じた債権の消滅時効）

第875条　第832条の規定は、後見人又は後見監督人と被後見人との間において後見に関して生じた債権の消滅時効について準用する。

2　前項の消滅時効は、第872条の規定により法律行為を取り消した場合には、その取消しの時から起算する。

資料編

5　母子保健法（抜粋）

（昭和40年8月18日法律第141号）
最近改正　平成28年6月3日法律第63号

（国及び地方公共団体の責務）
第5条　国及び地方公共団体は、母性並びに乳児及び幼児の健康の保持及び増進に努めなければならない。
2　国及び地方公共団体は、母性並びに乳児及び幼児の健康の保持及び増進に関する施策を講ずるに当たつては、当該施策が乳児及び幼児に対する虐待の予防及び早期発見に資するものであることに留意するとともに、その施策を通じて、前3条に規定する母子保健の理念が具現されるように配慮しなければならない。
第22条　市町村は、必要に応じ、母子健康包括支援センターを設置するように努めなければならない。
2　母子健康包括支援センターは、第1号から第4号までに掲げる事業を行い、又はこれらの事業に併せて第5号に掲げる事業を行うことにより、母性並びに乳児及び幼児の健康の保持及び増進に関する包括的な支援を行うことを目的とする施設とする。
　(1)　母性並びに乳児及び幼児の健康の保持及び増進に関する支援に必要な実情の把握を行うこと。
　(2)　母子保健に関する各種の相談に応ずること。
　(3)　母性並びに乳児及び幼児に対する保健指導を行うこと。
　(4)　母性及び児童の保健医療又は福祉に関する機関との連絡調整その他母性並びに乳児及び幼児の健康の保持及び増進に関し、厚生労働省令で定める支援を行うこと。
　(5)　健康診査、助産その他の母子保健に関する事業を行うこと（前各号に掲げる事業を除く。）。
3　市町村は、母子健康包括支援センターにおいて、第9条の相談、指導及び助言並びに第10条の保健指導を行うに当たつては、児童福祉法第21条の11第1項の情報の収集及び提供、相談並びに助言並びに同条第2項のあつせん、調整及び要請と一体的に行うように努めなければならない。

6 刑法（抜粋）

（明治40年4月24日法律第45号）
最近改正　平成29年6月23日法律第72号

（強制わいせつ）
第176条　13歳以上の者に対し、暴行又は脅迫を用いてわいせつな行為をした者は、6月以上10年以下の懲役に処する。13歳未満の者に対し、わいせつな行為をした者も、同様とする。

（強制性交等）
第177条　13歳以上の者に対し、暴行又は脅迫を用いて性交、肛門性交又は口腔性交（以下「性交等」という。）をした者は、強制性交等の罪とし、5年以上の有期懲役に処する。13歳未満の者に対し、性交等をした者も、同様とする。

（監護者わいせつ及び監護者性交等）
第179条　18歳未満の者に対し、その者を現に監護する者であることによる影響力があることに乗じてわいせつな行為をした者は、第176条の例による。
2　18歳未満の者に対し、その者を現に監護する者であることによる影響力があることに乗じて性交等をした者は、第177条の例による。

資料編

7　相談機関一覧
(1) 全国児童相談所一覧

児童相談所全国共通ダイヤル
24時間365日お近くの児童相談所に電話をおつなぎします。
189
http://www.mhlw.go.jp/bunya/koyoukintou/gyakutai/

（平成29年4月1日現在）

都道府県政令指定都市児童相談所設置市	児童相談所	〒	住　所	電話番号
1　北海道	中央児童相談所	064-8564	札幌市中央区円山西町2-1-1	011-631-0301
	旭川児童相談所	070-0040	旭川市10条通11	0166-23-8195
	稚内分室	097-0002	稚内市潮見1-11	0162-32-6171
	帯広児童相談所	080-0801	帯広市東1条南1-1-2	0155-22-5100
	釧路児童相談所	085-0805	釧路市桜ヶ岡1-4-32	0154-92-3717
	函館児童相談所	040-8552	函館市中島町37-8	0138-54-4152
	北見児童相談所	090-0061	北見市東陵町36-3	0157-24-3498
	岩見沢児童相談所	068-0828	岩見沢市鳩が丘1-9-16	0126-22-1119
	室蘭児童相談所	050-0082	室蘭市寿町1-6-12	0143-44-4152
2　青森	中央児童相談所	038-0003	青森市石江字江渡5-1	017-781-9744
	弘前児童相談所	036-8356	弘前市下銀町14-2	0172-36-7474
	八戸児童相談所	039-1101	八戸市大字尻内町字鴨田7	0178-27-2271
	五所川原児童相談所	037-0046	五所川原市栄町10	0173-38-1555
	七戸児童相談所	039-2574	上北郡七戸町字蛇坂55-1	0176-60-8086
	むつ児童相談所	035-0073	むつ市中央1-1-8	0175-23-5975
3　岩手	福祉総合相談センター	020-0015	盛岡市本町通3-19-1	019-629-9600
	宮古児童相談所	027-0075	宮古市和見町9-29	0193-62-4059
	一関児童相談所	021-0027	一関市竹山町5-28	0191-21-0560
4　宮城	中央児童相談所	981-1217	名取市美田園2-1-4	022-784-3583
	東部児童相談所	986-0812	石巻市東中里1-4-32	0225-95-1121
	気仙沼支所	988-0066	気仙沼市東新城3-3-3	0226-21-1020
	北部児童相談所	989-6161	大崎市古川駅南2-4-3	0229-22-0030
5　秋田	中央児童相談所	010-1602	秋田市新屋下川原町1-1	018-862-7311
	北児童相談所	018-5601	大館市十二所字平内新田237-1	0186-52-3956
	南児童相談所	013-8503	横手市旭川1-3-46	0182-32-0500
6　山形	福祉相談センター	990-0031	山形市十日町1-6-6	023-627-1195
	庄内児童相談所	997-0013	鶴岡市道形町49-6	0235-22-0790
7　福島	中央児童相談所	960-8002	福島市森合町10-9	024-534-5101
	県中児童相談所	963-8540	郡山市麓山1-1-1	024-935-0611
	白河相談室	961-0074	白河市字郭内127	0248-22-5648
	会津児童相談所	965-0003	会津若松市一箕町大字八幡字門田1-3	0242-23-1400

相談機関一覧

	南会津相談室	967-0004	南会津町田島字天道沢甲2542-2	0241-63-0309
	浜児童相談所	970-8033	いわき市自由が丘38-15	0246-28-3346
	南相馬相談室	975-0031	南相馬市原町区錦町1-30	0244-26-1135
8 茨城	福祉相談センター	310-0004	水戸市水府町864-16	029-221-4150
	日立児童分室	317-0072	日立市弁天町3-4-7	0294-22-0294
	鹿行児童分室	311-1517	鉾田市鉾田1367-3	0291-33-4119
	土浦児童相談所	300-0812	土浦市下高津3-14-5	029-821-4595
	筑西児童相談所	308-0841	筑西市二木成615	0296-24-1614
9 栃木	中央児童相談所	320-0071	宇都宮市野沢町4-1	028-665-7830
	県南児童相談所	328-0042	栃木市沼和田町17-22	0282-24-6121
	県北児童相談所	329-2723	那須塩原市南町7-20	0287-36-1058
10 群馬	中央児童相談所	379-2166	前橋市野中町360-1	027-261-1000
	北部支所	377-0027	渋川市金井394	0279-20-1010
	西部児童相談所	370-0829	高崎市高松町6	027-322-2498
	東部児童相談所	373-0033	太田市西本町41-34	0276-31-3721
11 埼玉	中央児童相談所	362-0013	上尾市上尾村1242-1	048-775-4152
	南児童相談所	333-0848	川口市芝下1-1-56	048-262-4152
	川越児童相談所	350-0838	川越市宮元町33-1	049-223-4152
	所沢児童相談所	359-0042	所沢市並木1-9-2	04-2992-4152
	熊谷児童相談所	360-0014	熊谷市箱田5-12-1	048-521-4152
	越谷児童相談所	343-0033	越谷市恩間402-1	048-975-4152
	草加支所	340-0035	草加市西町425-2	048-920-4152
12 千葉	中央児童相談所	263-0016	千葉市稲毛区天台1-10-3	043-253-4101
	市川児童相談所	272-0026	市川市東大和田2-8-6	047-370-1077
	柏児童相談所	277-0831	柏市根戸445-12	04-7131-7175
	銚子児童相談所	288-0813	銚子市台町2183	0479-23-0076
	東上総児童相談所	297-0029	茂原市高師3007-6	0475-27-1733
	君津児童相談所	299-1151	君津市中野4-18-9	0439-55-3100
13 東京	児童相談センター	169-0074	新宿区北新宿4-6-1	03-5937-2302
	北児童相談所	114-0002	北区王子6-1-12	03-3913-5421
	品川児童相談所	140-0001	品川区北品川3-7-21	03-3474-5442
	立川児童相談所	190-0012	立川市曙町3-10-19	042-523-1321
	江東児童相談所	135-0051	江東区枝川3-6-9	03-3640-5432
	杉並児童相談所	167-0052	杉並区南荻窪4-23-6	03-5370-6001
	小平児童相談所	187-0002	小平市花小金井1-31-24	042-467-3711
	八王子児童相談所	193-0931	八王子市台町2-7-13	042-624-1141
	足立児童相談所	123-0845	足立区西新井本町3-8-4	03-3854-1181
	多摩児童相談所	206-0024	多摩市諏訪2-6	042-372-5600
	世田谷児童相談所	156-0054	世田谷区桜丘5-28-12	03-5477-6301

資料編

175

資料編

14	神奈川	中央児童相談所	252-0813	藤沢市亀井野3119	0466-84-1600
		平塚児童相談所	254-0075	平塚市中原3-1-6	0463-73-6888
		鎌倉三浦地域児童相談所	238-0006	横須賀市日の出町1-4-7	046-828-7050
		小田原児童相談所	250-0042	小田原市荻窪350-1	0465-32-8000
		厚木児童相談所	243-0004	厚木市水引2-3-1	046-224-1111
15	新潟	中央児童相談所	950-0121	新潟市江南区亀田向陽4-2-1	025-381-1111
		長岡児童相談所	940-0857	長岡市沖田1-237	0258-35-8500
		上越児童相談所	943-0807	上越市春日山町3-4-17	025-524-3355
		新発田児童相談所	957-8511	新発田市豊町3-3-2	0254-26-9131
		南魚沼児童相談所	949-6680	南魚沼市六日町620-2	025-770-2400
16	富山	富山児童相談所	930-0964	富山市東石金町4-52	076-423-4000
		高岡児童相談所	933-0045	高岡市本丸町12-12	0766-21-2124
17	石川	中央児童相談所	920-8557	金沢市本多町3-1-10	076-223-9553
		七尾児童相談所	926-0031	七尾市古府町そ部8番1	0767-53-0811
18	福井	総合福祉相談所	910-0026	福井市光陽2-3-36	0776-24-5138
		敦賀児童相談所	914-0074	敦賀市角鹿町1-32	0770-22-0858
19	山梨	中央児童相談所	400-0005	甲府市北新1-2-12	055-254-8617
		都留児童相談所	402-0054	都留市田原3-5-24	0554-45-7838
20	長野	中央児童相談所	380-0872	長野市大字南長野妻科144	026-238-8010
		松本児童相談所	390-1401	松本市波田9986	0263-91-3370
		飯田児童相談所	395-0157	飯田市大瀬木1107-54	0265-25-8300
		諏訪児童相談所	392-0131	諏訪市湖南3248-3	0266-52-0056
		佐久児童相談所	385-0022	佐久市岩村田3152-1	0267-67-3437
21	岐阜	中央子ども相談センター	500-8385	岐阜市下奈良2-2-1	058-273-1111
		西濃子ども相談センター	503-0852	大垣市禾森町5-1458-10	0584-78-4838
		中濃子ども相談センター	505-8508	美濃加茂市古井町下古井2610-1	0574-25-3111
		東濃子ども相談センター	507-8708	多治見市上野町5-68-1	0572-23-1111
		飛騨子ども相談センター	506-0032	高山市千島町35-2	0577-32-0594
22	静岡	中央児童相談所	426-0026	藤枝市岡出山2-2-25	054-646-3570
		賀茂児童相談所	415-0016	下田市中531-1	0558-24-2038
		東部児童相談所	410-8543	沼津市高島本町1-3	055-920-2085
		富士児童相談所	416-0906	富士市本市場441-1	0545-65-2141
		西部児童相談所	438-8622	磐田市見付3599-4	0538-37-2810
23	愛知	中央児童・障害者相談センター	460-0001	名古屋市中区三の丸2-6-1	052-961-7250
		海部児童・障害者相談センター	496-8535	津島市西柳原町1-14	0567-25-8118
		知多児童・障害者相談センター	475-0902	半田市宮路町1-1	0569-22-3939
		西三河児童・障害者相談センター	444-0860	岡崎市明大寺本町1-4	0564-27-2779
		豊田加茂児童・障害者相談センター	471-0024	豊田市元城町3-17	0565-33-2211
		新城設楽児童・障害者相談センター	441-1326	新城市字中野6-1	0536-23-7366

相談機関一覧

		東三河児童・障害者相談センター	440-0806	豊橋市八町通5-4	0532-54-6465
		一宮児童相談センター	491-0917	一宮市昭和1-11-11	0586-45-1558
		春日井児童相談センター	480-0304	春日井市神屋町713-8	0568-88-7501
		刈谷児童相談センター	448-0851	刈谷市神田町1-3-4	0566-22-7111
24	三重	北勢児童相談所	510-0894	四日市市大字泊村977-1	059-347-2030
		中勢児童相談所	514-0113	津市一身田大古曽694-1	059-231-5666
		南勢志摩児童相談所	516-8566	伊勢市勢田町628-2	0596-27-5143
		伊賀児童相談所	518-8533	伊賀市四十九町2802	0595-24-8060
		紀州児童相談所	519-3695	尾鷲市坂場西町1-1	0597-23-3435
25	滋賀	中央子ども家庭相談センター	525-0072	草津市笠山7-4-45	077-562-1121
		彦根子ども家庭相談センター	522-0043	彦根市小泉町932-1	0749-24-3741
		大津・高島子ども家庭相談センター	520-0801	大津市におの浜4-4-5	077-548-7768
26	京都	家庭支援総合センター	605-0862	京都市東山区清水4-185-1	075-531-9600
		宇治児童相談所	611-0033	宇治市大久保町井ノ尻13-1	0774-44-3340
		京田辺支所	610-0332	京田辺市興戸小モ詰18-1	0774-68-5520
		福知山児童相談所	620-0881	福知山市字堀小字内田1939-1	0773-22-3623
27	大阪	中央子ども家庭センター	572-0838	寝屋川市八坂町28-5	072-828-0161
		池田子ども家庭センター	563-0041	池田市満寿美町9-17	072-751-2858
		吹田子ども家庭センター	564-0072	吹田市出口町19-3	06-6389-3526
		東大阪子ども家庭センター	577-0809	東大阪市永和1-7-4	06-6721-1966
		富田林子ども家庭センター	584-0031	富田林市寿町2-6-1　大阪府南河内府民センタービル内	0721-25-1131
		岸和田子ども家庭センター	596-0043	岸和田市宮前町7-30	072-445-3977
28	兵庫	中央こども家庭センター	673-0021	明石市北王子町13-5	078-923-9966
		洲本分室	656-0021	洲本市塩屋2-4-5	0799-26-2075
		西宮こども家庭センター	662-0862	西宮市青木町3-23	0798-71-4670
		尼崎駐在（※電話は西宮こども家庭センターに転送されます）	661-0024	尼崎市三反田町1-1-1	06-6423-0801
		川西こども家庭センター	666-0017	川西市火打1-22-8	072-756-6633
		丹波分室	669-3309	丹波市柏原町柏原688	0795-73-3866
		姫路こども家庭センター	670-0092	姫路市新在家本町1-1-58	079-297-1261
		豊岡こども家庭センター	668-0063	豊岡市正法寺446	0796-22-4314
29	奈良	中央こども家庭相談センター	630-8306	奈良市紀寺町833	0742-26-3788
		高田こども家庭相談センター	635-0095	大和高田市大中17-6	0745-22-6079
30	和歌山	子ども・女性・障害者相談センター	641-0014	和歌山市毛見1437-218	073-445-5312
		紀南児童相談所	646-0011	田辺市新庄町3353-9	0739-22-1588
		新宮分室	647-8551	新宮市緑ヶ丘2-4-8	0735-21-9634
31	鳥取	中央児童相談所	680-0901	鳥取市江津318-1	0857-23-6080
		米子児童相談所	683-0052	米子市博労町4-50	0859-33-1471

資料編

資料編

	倉吉児童相談所	682-0021	倉吉市宮川町2-36	0858-23-1141
32 島根	中央児童相談所	690-0823	松江市西川津町3090-1	0852-21-3168
	隠岐相談室	685-8601	隠岐郡隠岐の島町港町塩口24	08512-2-9810
	出雲児童相談所	693-0051	出雲市小山町70	0853-21-0007
	浜田児童相談所	697-0005	浜田市上府町イ2591	0855-28-3560
	益田児童相談所	698-0041	益田市高津4-7-47	0856-22-0083
33 岡山	中央児童相談所	700-0807	岡山市北区南方2-13-1	086-235-4152
	倉敷児童相談所	710-0052	倉敷市美和1-14-31	086-421-0991
	井笠相談室	714-8502	笠岡市六番町2-5	0865-69-1680
	高梁分室	716-8585	高梁市落合町近似286-1	0866-21-2833
	高梁分室新見相談室	718-8550	新見市高尾2400	0866-21-2833
	津山児童相談所	708-0004	津山市山北288-1	0868-23-5131
34 広島	西部こども家庭センター	734-0003	広島市南区宇品東4-1-26	082-254-0381
	東部こども家庭センター	720-0838	福山市瀬戸町山北291-1	084-951-2340
	北部こども家庭センター	728-0013	三次市十日市東4-6-1	0824-63-5181
35 山口	中央児童相談所	753-0214	山口市大内御堀922-1	083-922-7511
	岩国児童相談所	740-0016	岩国市三笠町1-1-1	0827-29-1513
	周南児童相談所	745-0836	周南市慶万町2-13	0834-21-0554
	宇部児童相談所	755-0033	宇部市琴芝町1-1-50	0836-39-7514
	下関児童相談所	751-0823	下関市貴船町3-2-2	083-223-3191
	萩児童相談所	758-0041	萩市江向531-1	0838-22-1150
36 徳島	中央こども女性相談センター	770-0942	徳島市昭和町5-5-1	088-622-2205
	南部こども女性相談センター	774-0011	阿南市領家町野神319	0884-22-7130
	西部こども女性相談センター	777-0005	美馬市穴吹町穴吹字明連23	0883-53-3110
37 香川	子ども女性相談センター	760-0004	高松市西宝町2丁目6-32	087-862-8861
	西部子ども相談センター	763-0082	丸亀市土器町東8丁目526	0877-24-3173
38 愛媛	福祉総合支援センター	790-0811	松山市本町7-2	089-922-5040
	東予子ども・女性支援センター	792-0825	新居浜市星原町14-38	0897-43-3000
	南予子ども・女性支援センター	798-0060	宇和島市丸之内3-1-19	0895-22-1245
39 高知	中央児童相談所	781-5102	高知市大津甲770-1	088-866-6791
	幡多児童相談所	787-0010	四万十市渡川1-6-21	0880-37-3159
40 福岡	福岡児童相談所	816-0804	春日市原町3-1-7	092-586-0023
	久留米児童相談所	830-0047	久留米市津福本町281	0942-32-4458
	田川児童相談所	826-0041	田川市大字弓削田188	0947-42-0499
	大牟田児童相談所	836-0027	大牟田市西浜田町4-1	0944-54-2344
	宗像児童相談所	811-3436	宗像市東郷5-5-3	0940-37-3255
	京築児童相談所	828-0021	豊前市大字八屋2007-1	0979-84-0407
41 佐賀	中央児童相談所	840-0851	佐賀市天祐1-8-5	0952-26-1212
	唐津分室	847-0012	唐津市大名小路3-1	0955-73-1141

相談機関一覧

42	長崎	長崎こども・女性・障害者支援センター	852-8114	長崎市橋口町10-22	095-844-6166
		佐世保こども・女性・障害者支援センター	857-0034	佐世保市万徳町10-3	0956-24-5080
43	熊本	中央児童相談所	861-8039	熊本市東区長嶺南2-3-3	096-381-4451
		八代児童相談所	866-8555	八代市西片町1660	0965-32-4426
44	大分	中央児童相談所	870-0889	大分市荏隈5丁目	097-544-2016
		中津児童相談所	871-0024	中津市中央町1-10-22	0979-22-2025
45	宮崎	中央児童相談所	880-0032	宮崎市霧島1-1-2	0985-26-1551
		都城児童相談所	885-0017	都城市年見町14-1-1	0986-22-4294
		延岡児童相談所	882-0803	延岡市大貫町1-2845	0982-35-1700
46	鹿児島	中央児童相談所	891-0175	鹿児島市桜ヶ丘6-12	099-264-3003
		大島児童相談所	894-0012	奄美市名瀬小俣町20-2	0997-53-6070
		大隅児童相談所	893-0011	鹿屋市打važ2-16-6	0994-43-7011
47	沖縄	中央児童相談所	903-0804	那覇市首里石嶺町4-404-2	098-886-2900
		八重山分室	907-0002	石垣市真栄里438-1（八重山福祉保健所内）	0980-88-7801
		宮古分室	906-0007	宮古島市平良東仲宗根476	0980-75-6505
		コザ児童相談所	904-2143	沖縄市知花6-34-6	098-937-0859
48	札幌市	札幌市児童相談所	060-0007	札幌市中央区北7条西26	011-622-8630
49	仙台市	仙台市児童相談所	981-0908	仙台市青葉区東照宮1-18-1	022-219-5111
50	さいたま市	さいたま市児童相談所	338-8686	さいたま市中央区下落合5-6-11	048-840-6107
51	千葉市	千葉市児童相談所	261-0003	千葉市美浜区高浜3-2-3	043-277-8880
52	横浜市	中央児童相談所	232-0024	横浜市南区浦舟町3-44-2	045-260-6510
		西部児童相談所	240-0001	横浜市保土ケ谷区川辺町5-10	045-331-5471
		南部児童相談所	235-0045	横浜市磯子区洋光台3-18-29	045-831-4735
		北部児童相談所	224-0032	横浜市都筑区茅ケ崎中央32-1	045-948-2441
53	川崎市	こども家庭センター	212-0058	川崎市幸区鹿島田1-21-9	044-542-1234
		中部児童相談所	213-0013	川崎市高津区末長1-3-9	044-877-8111
		北部児童相談所	214-0038	川崎市多摩区生田7-16-2	044-931-4300
54	相模原市	相模原市児童相談所	252-0206	相模原市中央区淵野辺2-7-2	042-730-3500
55	横須賀市	横須賀市児童相談所	238-8525	横須賀市小川町16	046-820-2323
56	新潟市	新潟市児童相談所	951-8133	新潟市中央区川岸町1-57-1	025-230-7777
57	金沢市	金沢市児童相談所	921-8171	金沢市富樫3-10-1	076-243-4158
58	静岡市	静岡市児童相談所	420-0947	静岡市葵区堤町914-417	054-275-2871
59	浜松市	浜松市児童相談所	430-0929	浜松市中区中央1-12-1	053-457-2703
60	名古屋市	名古屋市中央児童相談所	466-0858	名古屋市昭和区折戸町4-16	052-757-6111
		名古屋市西部児童相談所	454-0875	名古屋市中川区小城町1-1-20	052-365-3231
61	京都市	京都市児童相談所	602-8155	京都市上京区竹屋町通千本東入主税町910-25	075-801-2929

資料編

資料編

		京都市第二児童相談所	612-8434	京都市伏見区深草加賀屋敷町24-26	075-612-2727
62	大阪市	大阪市こども相談センター	540-0003	大阪市中央区森ノ宮中央1-17-5	06-4301-3100
		大阪市南部こども相談センター	547-0026	大阪市平野区喜連西6-2-55	06-6718-5050
63	堺市	堺市子ども相談所	590-0808	堺市堺区旭ヶ丘中町4-3-1（堺市立健康福祉プラザ3階）	072-245-9197
64	神戸市	こども家庭センター	650-0044	神戸市中央区東川崎町1-3-1	078-382-2525
65	岡山市	岡山市こども総合相談所	700-8546	岡山市北区鹿田町1-1-1	086-803-2525
66	広島市	広島市児童相談所	732-0052	広島市東区光町2-15-55	082-263-0694
67	北九州市	子ども総合センター	804-0067	北九州市戸畑区汐井町1-6	093-881-4556
68	福岡市	こども総合相談センター	810-0065	福岡市中央区地行浜2-1-28	092-832-7100
69	熊本市	熊本市児童相談所	862-0971	熊本市中央区大江5-1-50	096-366-8181

※1 ▓ 一時保護所を設置する児童相談所
※2 ▓ 一時保護所を2か所設置する児童相談所
→児童相談所数＝210か所（平成29年4月1日現在）
→一時保護所数＝136か所（平成29年4月1日現在）
出典：厚生労働省HP

(2) 民生委員・児童委員

　民生委員は、民生委員法に基づき、厚生労働大臣から委嘱された非常勤の地方公務員（無給）で、ボランティア精神で活動しています。すべての民生委員は、児童福祉法に基づく児童委員を兼務しています。その主な役割は、市区町村ごとに特定区域を担当し、生活に困っている方、障害のある方、高齢者、また子どもをめぐる様々な問題を抱える方などの相談に応じ、福祉事務所や関係機関と連携しながら、支援活動を進めることです。高齢者から赤ちゃんまで幅広い住民が対象で、重要な役割を果たしています。なお、この制度は前身の「済世顧問制度」から数えると、2017（平成29）年に創設100周年を迎えました。

　また、一部の児童委員は、児童に関することを専門的に担当する「主任児童委員」に、厚生労働大臣から指名されています。担当区域は持たず、それぞれの市区町村の全域で、地区担当の民生委員・児童委員と連携して活動します。平成6年に制度が発足し、児童虐待問題の顕在化につれ、本制度への期待が高まっています。委員の数は平成29年3月現在、全国に約23万人（地区担当約21万人。主任児童委員約2万人）です。

　民生委員・児童委員のお名前は、市区町村にお問い合わせください。

(3) 児童家庭支援センター

児童養護施設などに併設されている児童福祉の専門援助機関で、児童相談所と市町村を結び付け、高い専門性と地域の福祉資源とを組み合わせて有効に機能させる役割を担っています。1998（平成10）年に設置開始。全国に120か所（2017（平成29）年8月1日現在）。

(4) 福祉事務所

福祉に関する総合窓口で、都道府県、市（特別区を含む）などが設置しています。地域にはその区域を管轄する事務所が必ずあります。生活保護などの経済的な支援のほか、各種の在宅サービスや施設入所等の相談や指導を行っています。全国に1,247か所（平成28年4月1日現在）。

(5) 保健所・保健センター

保健所は、公衆衛生の向上と増進を図るために、都道府県、政令市、特別区などが設置しています。また、市町村には地域保健活動の拠点として保健センターがあり、身近で利用される保健サービスを提供しています。保健所と保健センターは連携して、地域住民の健康の保持及び増進を図っています。母子保健や精神保健福祉の専門サービスなども実施されています。全国に保健所は481か所（平成29年4月1日現在）。保健センターは2,456か所（平成29年4月1日現在）。

(6) 全国共通電話相談

○　児童相談所全国共通ダイヤル	189 24時間対応
この電話にかけると、近くの児童相談所に転送される仕組みです。	
○　警察総合電話相談	♯9110 平日8：30〜15：15 (各都道府県警察本部で異なる)
犯罪被害の未然防止など、生活の安全を守るための相談窓口です。警察総合電話相談への短縮ダイヤルです。	

全訂　Q&A　児童虐待防止ハンドブック

平成30年3月15日　第1刷発行
令和2年12月1日　第4刷発行

編　著　児童虐待問題研究会

発　行　株式会社ぎょうせい

〒136-8575　東京都江東区新木場1-18-11
URL：https://gyosei.jp

フリーコール　0120-953-431

ぎょうせい　お問い合わせ　検索　https://gyosei.jp/inquiry/

〈検印省略〉

印刷　ぎょうせいデジタル㈱　　　©2018 Printed in Japan
※乱丁・落丁本はお取り替えいたします。

ISBN978-4-324-10466-8
(5108403-00-000)
〔略号：児童虐待ブック（全訂）〕